自卑！胆小！性格内向！

孩子总是不自信，
妈妈怎么办？

张锐◎著

北京理工大学出版社
BEIJING INSTITUTE OF TECHNOLOGY PRESS

图书在版编目（CIP）数据

自卑！胆小！性格内向！孩子总是不自信，妈妈怎么办？/ 张锐著. —北京：北京理工大学出版社，2019.7

ISBN 978 - 7 - 5682 - 6901 - 8

Ⅰ.①自…　Ⅱ.①张…　Ⅲ.①家庭教育　Ⅳ.①G78

中国版本图书馆CIP数据核字（2019）第060906号

出版发行 / 北京理工大学出版社有限责任公司

社　　址 / 北京市海淀区中关村南大街5号

邮　　编 / 100081

电　　话 / （010）68914775（总编室）

　　　　　（010）82562903（教材售后服务热线）

　　　　　（010）68948351（其他图书服务热线）

网　　址 / http://www.bitpress.com.cn

经　　销 / 全国各地新华书店

印　　刷 / 三河市华骏印务包装有限公司

开　　本 / 710毫米×1000毫米　1 / 16

印　　张 / 10.5

字　　数 / 112千字

版　　次 / 2019年7月第1版　2019年7月第1次印刷

定　　价 / 36.00元

责任编辑 / 王晓莉

文案编辑 / 王晓莉

责任校对 / 周瑞红

责任印制 / 施胜娟

前言

　　每个人都期待自己成功，但不同的人对自己能否成功的信任程度是不同的，有的人相信自己一定能成功，有的人则总是自我怀疑，反映这种信任程度的心理特性，就是自信心。拥有自信心，就会感觉自己内心深处拥有强大的力量，而这种力量一旦产生，就能让人变得无所畏惧，甚至战无不胜。

　　孩子的成长过程需要自信心，自信心会让孩子愿意迈出人生第一步，不再缩手缩脚；自信心也能带给孩子动力，让他敢于动手去做更多的事；自信心还能让孩子更坦然、勇敢地面对失败或困难，从而让他走得更远。

　　但是，很多孩子并不能长久地保持自信，或者说他们的自信总是很轻易地就消散了，这其中自然是有孩子自己的原因，比如经历得少，当然也有我们这些教育者的原因，比如过度宠爱、帮得太多，等等。

　　缺乏自信心的孩子会变得胆小，遇到事情不敢上前，总是担心自己会失败，这会让他在不知不觉中错过很多原本属于自己的机会，整个人也会变得焦虑、懈怠。

　　我们自然是不希望孩子表现出这样的状态，但是面对缺乏自信心的孩子，我们又能做些什么呢？

　　有的妈妈并不愿意承认孩子缺乏自信心，她会说，"孩子还小，慢慢长大就好了"。当我们不承认孩子自信心不足时，就会不自觉地出现过度保护他的心理，也就是试图通过我们自信满满的样子来给孩子打气，并为他扫清各种障碍。

有的妈妈则恰恰相反，认为"孩子没自信是不对的，必须给他纠正过来"。带着"孩子犯了错"的心思，妈妈可能会对孩子指责说教，并苦口婆心地讲道理。这时候的教育就变成了对孩子的强迫，好像只要妈妈这样教育了，孩子就一定能变得有自信。

也有的妈妈会忧心忡忡，一旦孩子表现出胆小、犹豫等情绪，妈妈就会忍不住帮他向人解释，但这也从另一方面体现出了妈妈的忧虑，并感觉自己颜面有失。这样的妈妈会觉得孩子没自信是一件了不得的大事，她可能还会设想得很远，甚至考虑到孩子的未来是不是会出现严重后果。可是妈妈的这种担忧会对孩子带去负面影响，给孩子带来沉重的心理压力，这更不利于孩子自信心的培养。

由此看来，当孩子缺乏自信心的时候，我们的态度和引导方式很可能会左右孩子自信心的发展。如果我们只顾及自己的想法，选择的方式不适合孩子的需求，那么这不但不能增强他的自信心，反而会让他更容易受到伤害。

自信心的确是关乎孩子人生命运的一个重要因素，但我们也要理智地看待，如果你想要寻求一些帮助，那么希望本书能给你一些灵感。

首先我们要寻找孩子不自信的原因，找到根源才能更了解孩子，而只有了解了孩子，才能帮他更清晰地认识自我。想要培养自信心，就需要好好看清自我，了解自我的优势与劣势，寻求并挖掘自身的潜力。

书中重点提到了"妈妈怎么办"，面对不自信的孩子，我们很多时候的表现并不能给他帮助。比如，我们要理解孩子因为不自信而带来的负面情绪，还需要给予他足够的爱，同时也要更有智慧地去引导孩子，并培养他具备足够的能力，等等。

每个孩子都有独属于其自身的成长特点，所以书中提到的各种内容可作为教育参考或者启发。我们还需要根据自己孩子的特点，结合这些引导方法来思考，从而选择出适合孩子需要的培养方式。

自信的孩子并不难培养，即便孩子一时失去自信，也并不意味着他就无可救药，关键还是看作为教育者的我们，是不是能够给予孩子足够的帮助，让他能真正具备发自内心的自信。

祝您开卷有益！

目 录

第一章　孩子缺乏自信心，妈妈怎么办？
——探究不自信的原因

孩子所有的问题都是有原因的，缺乏自信心也是如此。"没有自信"只是孩子外在的表现，显然不是我们一句"你要自信起来"就能解决问题的。我们要去探究孩子到底为什么不自信，找到原因，这样才能更了解孩子，更了解他的心理，也能更容易抓住解决问题的关键。

第二章　帮助孩子认识自我
——孩子认清自己，才会更自信

自信的一个基本条件，就是认清自我，只有了解自己的能力范围、水平程度，知道自己的价值，孩子才可能在面对他人或各种事情时有足够的自信心。否则，不管是自满还是自卑，都可能让孩子遭遇挫折，而这些挫折可能会使他的自信心瞬间丧失。

第三章　及时调整孩子的负面情绪

——清除负能量，集聚自信正能量

不自信的孩子情绪自然不会太好，而情绪一旦受到影响，自信心也势必会随之被影响，这就是一个负性循环。孩子需要集聚正能量，只有内心充满正能量才能让自己内心平静下来，并有能力去思考及展现自信。所以，及时调整孩子的负面情绪，也是帮助他清除负能量，集聚正能量。

第四章　要相信孩子

——妈妈的爱，给孩子足够的信心与勇气

孩子的自信心有一个很主要的来源，那就是妈妈的爱。对于很多孩子来说，哪怕有再大的问题，但只要能确定妈妈的爱，能肯定妈妈对自己的信任，那么他就能更勇敢地去面对问题并努力解决问题。所以，信任孩子，给孩子足够的爱，便能给他足够的信心与勇气。

第五章　帮孩子建立自信的思维
——给孩子插上自信的翅膀

> 自信本身就是一种心理表现，需要人自己在头脑中去构建相信自我的思维，然后充满勇气地去面对一切。孩子的思维成长迅速却也同样复杂多变，如果一不小心钻了牛角尖，他也会失去自信，所以我们要帮助他建立起自信的思维，让他能拥有发自心底的自信。

第六章　激发孩子自信主动的行为
——不逃避，自信地迎难而上

> 通往自信的道路上，会有各种障碍，只有不逃避，迎难而上，努力并尽全力，跨过困难，才能继续前行。而不自信的孩子恰恰缺少这种敢于直面困难的勇气，所以我们需要激发他的这种发自内心的、主动性的自动行为，让他能勇敢面对一切困难。

第七章 培养孩子与人交往的能力

——好的人际关系，带给孩子自信

有足够自信的人多半都具有良好的人际交往能力，对于孩子来说，良好的人际关系，会让孩子与他人和谐相处，而能为他人所接纳，才会让孩子放下心来去展现自身的能力。可见，培养孩子具备良好的人际交往能力，也可以带给他足够的自信。

第八章 关键能力，让孩子脱颖而出

——培养孩子有效的自信技能

培养孩子的自信心，需要他在很多方面付出足够的努力，以争取为自己积累更多、更有价值的资本。除了前面提到的一些基本的技能技巧外，为了让孩子能令人刮目相看，我们还可以培养他具备一些关键性的能力，以更有效地提升他的自信心。

第一章

孩子缺乏自信心，妈妈怎么办？

——探究不自信的原因

孩子所有的问题都是有原因的，缺乏自信心也是如此。"没有自信"只是孩子外在的表现，显然不是我们一句"你要自信起来"就能解决问题的。我们要去探究孩子到底为什么不自信，找到原因，这样才能更了解孩子，更了解他的心理，也能更容易抓住解决问题的关键。

妈妈，我好像不行啊！

——孩子不能很好地认识自我，自我设限

缺乏自信心的人，最常挂在嘴边的一句话就是"我不行"。这个"不行"有可能是真的不行，的确是超出了自己的能力范围，这也算是有自知之明的一种表现；但很多情况下，这个"不行"可能意味着一个人无自知之明，他擅自给自己设定了一个"高度"，认为自己不可能实现某个目标，或者不断地暗示自己"这件事太困难了，我做不到，不可能成功"，一旦有了这样的心理，那么这个人最终会真的变得不行。

后一种人的这种行为，就被称为"自我设限"，他为可能会出现的失败设定了一个障碍，或者说创造出一个看似合理的借口，从而推卸掉自己的责任。这种自我设限，就是对自我的一种糊涂认知，不能很好地意识到自己的能力，无法判定自己到底可以做到什么事，这其实也是一种不自信的表现。

这种现象在成年人身上很常见，甚至很多人已经习惯于这样来为自

己找借口。但不得不说的是，现在有相当多的孩子也有了这样的想法，遇到事情，不是想办法去解决，而是先转过头来找妈妈，并告诉妈妈"我不行"。

面对孩子这样的表态，有的妈妈眉头一皱，开始担忧；有的妈妈百般安抚，想出各种办法；还有的妈妈毫不理会，执意要求孩子必须上前。其实越是这时候，我们才越应该好好看看孩子，去发现他为什么"不行"。

不能更准确地认识自我，无法确定自己真正的能力水平和范围，是导致孩子认为自己不行的重要原因。而孩子为什么会有这样的认知呢？这与我们的教育态度有紧密联系。

比如，有的妈妈一看见孩子想要自己去做些什么事，就立刻说"你还小，做不了这个，妈妈帮你"，不仅这样说，妈妈还会这样做，不管多小的事情妈妈都要亲力亲为，结果孩子渐渐形成习惯，始终认为自己没有能力去做任何事；有的妈妈则是看不得孩子出错，孩子只要做得不好或者做错了，妈妈就会不停地指责，导致他越发认为自己果然是不行的。

除了妈妈的教育，孩子自己的一些认知与表现也会导致他对自我产生错误判断。

比如，有的孩子经历过一次失败之后，就会产生害怕的心理，不能抵抗挫折，不能面对困难，他误以为自己是不行的；也有一部分孩子根据自己的情绪来做事，高兴了就什么都能做，不高兴了就什么都说"我不行"，这也是一种逃避的心理。

显然孩子这种自我设限，只不过是他当下的一种逃避措施罢了，但从长远来看，他的人生绝对不可能允许他一直这样逃避下去，他总要直面各种事情。随着他的成长，越来越多的事情需要他自己独自去面对，只有他坚信"我能行"，他的路才能越走越宽；如果他始终都认为"我不行"，那么他迟早会被社会遗忘甚至淘汰。

孩子对自我的认知，最初来源于周围人的评价，然后慢慢随着经历的增加，他开始有对自我的衡量，尤其是亲身经历过事情之后。所以说，若想要让孩子正确认识自我，我们和他自己，都要客观地评价他这个人。尤其是在他人生最初的几年里，我们的影响可能会更大一些，若想让孩子将"我不行"的认知变为"我能行"，我们也需要下一番功夫，不仅要在孩子身上下功夫，在自己身上也要下功夫——及时转变观念与教育态度。

讨厌，我怎么总是这么倒霉啊！

——孩子积累了太多的负能量

只有经历千锤百炼、不怕千辛万苦，才能抵达胜利的终点，尝到成功的喜悦。这是一个尽人皆知的道理，也是我们都很信奉的道理，当然我们也会把这个道理讲给孩子听，希望他能明白"吃得苦中苦，方为人上人"。

道理很容易讲，理解起来也并不难，但是，对于孩子来说，不管是失败还是困难，这些真实的、让他感到难过的体验是逃不掉的，每一次经历都会让他内心备感不舒服。有人会说，"知道不舒服，就知道努力了"。但孩子并不是这样的，他并不会想得这么远，他只知道，"我很倒霉，我觉得很难受"。

来看这样一个例子：

孩子向妈妈抱怨："我最近倒霉死了！"

妈妈问他："你有什么可倒霉的？"

孩子没好气地说："我就是倒霉！昨天作业有道题不会做，没做完，今天老师批改作业就给我打了个'差'；上课没回答出问题来，后半节课也没好好听；课间还被老师教育了，说我最近成绩退步了……我要烦死了！我觉得自己不行了！"

妈妈也严肃起来："你居然说自己倒霉？这不全是你自己的问题吗？如果你不好好改正、不认真学习，以后会出现更多问题，会更倒霉！你要是现在不努力，你就真不行了！"

孩子很不愿意听这话，他觉得自己回家又挨了顿批评，更倒霉了。

世间的事情就是这么巧，孩子也会经历这种"连环坏事"，这时他会变得暴躁，满满的负能量让他对自己的"不行"也"深信不疑"。

事实上，绝大多数的人，不论是成年人还是孩子，都不喜欢频繁地遭遇困难、挫折、失败，没有人会愿意做"受虐狂"。特别是孩子，他更愿意去体验成功，或者说他更喜欢成功多一些的经历，偶尔有几次失败、挫折就足够了，否则过多的失败、挫折，会让他屡次经历失望、沮丧，久而久之，这些负面情绪会不断累加，再加上如果我们不能正确对待他的这些失败或挫折，就像前面那位妈妈一样，对他指责说教，那么孩子内心的负能量将越积累越多。

孩子对负能量并没有很好的抵抗能力。长期感受压抑，他势必会对自己心生怀疑，也会对自己要做的事情产生怀疑。此时的孩子其实非常敏感，他急需妈妈给予他足够的安慰与帮助，所以我们要做的就是帮他排解内心

的负能量。只有内心变得阳光起来，孩子才可能唤回自己的自信心。

　　另外，孩子对"倒霉"的认知也是有问题的，他遇到了问题，说明内心有了烦恼，如果他不能正确认识自己为什么这么"倒霉"，找不对原因，就没法走出这个怪圈，负面情绪自然也就没法顺利消除，所以我们也要在纠正孩子思想方面多下功夫。

我感觉妈妈从来都不相信我

——孩子感受不到来自妈妈的爱与信任

孩子的自信心一部分来源于自己，要靠他自己给自己打气，而另一部分，或者说很重要的一部分，来源于妈妈对他的爱与信任。

孩子原本就是依靠周围人对他的评价来进行自我评价的，而来自妈妈的评价对他来说又具有相当重要的意义。孩子可能不会相信别人说的"你能行"，但对于妈妈对他的肯定，他很容易深信不疑。而且，只要有妈妈的爱，他也会更放心地去尝试，去施展自己的能力。

但是我们所表达出来的爱与信任，可能并没有满足孩子的期待。

就拿爱来说，很多妈妈的爱都是有条件的，只有孩子表现好，才能感受到妈妈的爱，表现得越好，感受到的爱越浓烈；而很多妈妈的爱非得要"反面表达"，认为批评、责备才是爱，好言好语就是溺爱。

至于说信任，其实很多妈妈自己都很矛盾，比如一位妈妈说："我当然相信孩子，我也知道他能做到很多事，可是有时候我就总觉得他会做不好，

尤其是看他动作那么慢，做事顺序和我想的不一样，方法也不是我所熟悉的，我就忍不住担忧，如果他出了错，我就更加觉得他不行了。"也就是说，很多妈妈内心深处是能意识到"孩子需要我的信任"的，然而真到了实际情况之中，她们往往会因为现实不能顺遂自己的意愿，而对孩子产生不由自主的怀疑。

对于妈妈的这种状态，孩子自己也是很苦恼的。

有一位妈妈讲了这样一件事：

一个星期六，儿子从睡醒午觉之后就开始看动画片，一直看到要吃晚饭了还没停下来。在这期间，我不停地提醒他："不要再看了！"他每次都回应"再等一会儿"。

最终我忍无可忍，直接关掉了电视，儿子非常不高兴地说："不是说我写完作业之后就能看动画片了吗？"

我回答他："那也没让你看起来没完啊！"

儿子也生气了："可也没说不让我看啊！"说完，他气呼呼地回了自己的房间，并摔上了门。

我使劲深呼吸，才没让自己发作。等到慢慢冷静之后，我觉得需要和儿子好好谈一谈。敲门进屋，我先向儿子道了歉："妈妈刚才有些急躁了，直接关掉电视的做法不对。"

儿子的情绪也平稳了许多，说："我也知道不能看那么久，不过妈妈总是提醒我不要看了，我就觉得很烦，管得我太多，我就忍不住对着干了。"

我趁势问他："那你是怎么想的呢？"

儿子说："你不相信我，让我觉得自己做什么都不对。"

后来儿子还说，他有时候都觉得我是不是不爱他，总是挑他的错，总是提醒他，就连穿个鞋都觉得他穿得不对、不好。

我叹了口气，也意识到自己的确对儿子管束得有些多，很多事都想要掌控他。看来以后我要更相信他一些，属于他自己的事情要允许他自己支配。

妈妈是怎么对待孩子的，妈妈对孩子的感觉是怎样的，其实孩子都能很明显地感受到。所以爱也好，信任也罢，我们都要真诚对待孩子——尤其是信任，随着孩子的成长，他能做到的事情越来越多，我们要相信，他的能力一直在提高，哪怕偶尔出了错，也不是能力不行，而是需要得到更多的练习机会，时间久了，他自然能做得更加得心应手，所以我们不需要太过操心。

妈妈，我总感觉自己会失败

——孩子的思维模式总是处于不自信中

要不要追求成功，是不是将要失败，我们相信这个结果应该取决于真正的行动。但是有一个成语叫"心想事成"，我们在内心反复强调的、设想的内容，就有可能因为想法太过强烈而变成了真的。虽然说来有些玄妙，但仔细回忆一下，我们的生活又的确是这样的，我们期待事情怎样发展，最终事情的发展可能真的会回应我们的期待。

所以从这个角度出发去思考，如果一个人总感觉自己会失败，那么这个感觉所应对的那件事多半也真的不会成功。很多孩子就是如此，事情还没开始做，或者说刚做了一半，他们就已经有了"预感"，不断地提示自己"我觉得自己不会成功"，最终当然也就真的失败了。

这种不自信的思维模式，会让孩子不断产生自我怀疑，很多原本可以实现的事情，孩子却没法全心全力地去应对，而且这样的怀疑会让他提不起精神，"反正最终还是会失败，为什么要这么努力"，如此的想法一出现，孩子势必会变得懈怠，变得三心二意，不能尽全力，马虎应对，当然也就不可能成功了。

几个孩子一起玩游戏，上四年级的哥哥提议要下象棋，刚上一年级的弟弟却说："我不想玩，反正我也下不过你。"旁边几个孩子却都同意下象棋，于是少数服从多数，弟弟不得不跟着玩了起来。

轮到弟弟和哥哥下棋了，果然很快弟弟就输了，他抱怨道："我都说了下不过你，这么快就输了，真没劲！"

旁边一个女孩看不过去了，开口说道："你还没和哥哥开始下，就说自己下不过。你自己都不相信自己，输了怎么能抱怨哥哥？"

事前就认定自己输的孩子，事情的结果基本上都会"顺遂他愿"。从这个小例子中也可以看得出来，最终导致孩子失败的，并不是他真的能力不足，而是他最初对自己的那个不自信的感觉，如果这个感觉不扭转过来，那么孩子就会陷入"无差别的不自信"中，也就是不管做什么，都会先怀疑自己，认为自己做不到。

其实我们每个人都有可能产生不自信的感觉，但更多的人是在拿不准事态发展的时候才会出现这样的感觉。比如，有一件事，因为种种因素影响，我们没法确定自己的能力是不是与事态发展的需求所匹配，可能就会产生不自信的感觉。但对于能正确评价自我的人来说，并不会因为感觉

而变得消极颓废，恰恰会受到这件事的刺激，开始重新评估自我，并更努力地去提升自己的能力，以争取在日后再遇到类似情况时有能力和自信去应对。

但孩子所经历的事情太少，对负面情绪的处理和对失败、困难等的接纳能力都有待提升，所以他们很容易陷入这种"我总觉得自己不行"的感觉中。此时，我们要做的是帮他逐渐走出这个感觉，要实现这一点，就要正视他的个人成长特点及个人现有的优缺点，同时也要引导孩子自己去认清这个道理，让他意识到自己是在不断成长的，他的能力也将不断增强，以后他会做到越来越多的事情，这样也能给他以足够的安全感，让他能安心并敢于向前迈步。

还是不去了吧，不想去

——孩子遇事总是退缩，不敢迎难而上

人生不如意十之八九，遇到问题迎难而上才可能开辟人生新风景。相反地，若是遇到不方便处理的事情就产生畏难心理，总是选择迎难而退，虽然当时看似躲开了困难，但这种安稳的状态只是暂时的，每一次退缩之后，内心的恐惧与怕事的心理会更强盛，那么之后再遇到更多的困难，恐怕将寸步难行了。

很多孩子就是这样的心态，遇到稍微困难一点的事，不想着怎么去迎难应对，而是想着应该怎么躲开，让自己远离"是非"。有的孩子表面一副无所谓的样子，说："我不想去。"但实际上他是不敢去，自信心不强，在这种心态下，他自然也就看不清自己能力到底有几何，于是很多机会就这样错过了。

孩子之所以会有这样的畏难心理，其原因有这样几点：

第一，很少经历困难。

现在很多孩子的生活真是太顺利了，从出生开始，他几乎很少经历那些困难的事，妈妈或者家里其他人，总会在他即将遭遇困难的时候帮他扫清障碍，即便他遇到了困难，其他人也会及时伸手帮忙，就算不是完全帮忙，也会将最困难的部分提前帮孩子剔除干净，只让他去处理那些简单应对就能解决的问题。

孩子经历的多是成功、开心，所以一旦遇到困难，尤其是需要自己解决的困难，就会感到格外的难，而这些障碍带给他的心理体验并不美妙，他会本能地逃避。再加上周围人的频繁出手，这让他觉得应对困难并不需要自己，如此一来他就会更加具有逃避心理了。

有的孩子即便有经历的机会，也会因为那个体验让他非常不开心而拒绝靠近困难，遇到困难他就会绕道，如此一来，他与困难接触的机会也就越来越少了。正因为接触少，所以他一旦遇到躲不开的困难，自然会觉得难过无比，即便有能力，也不愿意去展现能力应对。

第二，没有学到正确应对困难的方法。

孩子在遭遇困难的时候，最初可能也有自己的一套应对方法，然而由于经验不足、能力有限，他的应对显得力不从心，方向也是错的，最终也没有什么好结果。经历失败，或者说经历解决不了问题的情况时，孩子会感觉郁闷，内心的负面情绪也就随之增加。

这样的经历会化为孩子内心不美好的记忆，下次若是再遇到，他就又会想起上次自己应对不力的状态以及最终那个糟糕的结果，这时，他自然也就希望能躲开了。

第三，妈妈错误的态度让孩子心生戒备。

当孩子遇到困难时，不知所措的心态会让他有各种反应，脆弱的孩子会开始哭，苦恼的孩子会不知道自己要做什么，暴躁的孩子则更加暴躁。妈妈却可能会因此而训斥孩子，认为哭泣的孩子软弱，认为什么都不会做的孩子无能。也有的妈妈唉声叹气，一副"这个孩子将来不行了"的表现，这无疑让孩子更加心慌。

妈妈在面对孩子的表现时，如果不能以理智的心态来应对，那么孩子也会从内心意识到："原来我遇到困难之后，妈妈会这么可怕。"这会更刺激他远离困难。所以教育孩子的同时，修正我们自己也是一件重要的事。

我就是腼腆害羞，不善言辞嘛

——孩子不善与人交往，人际关系不良

一个人不自信的原因有很多，其中之一就是人际交往能力不好。之所以会这样说，是因为我们做很多事情都不是只靠自己就能完成的，我们需要与周围人交流、合作，和周围人保持良好的关系，也要靠周围人的帮助。更重要的是，很多时候不管是成功还是失败，这种心情也需要有人来分享。

由此看来，如果孩子不善与人交际，没有良好的交往能力，那么他不管做什么事都是孤独的，也无法从周围人那里获得符合自己实力的正确评价，当然也就没法通过这些渠道来建立自信心了。

现在的孩子腼腆害羞、不善言辞似乎是一个很普遍的现象，很多孩子习惯于独来独往，但是这种"独"又并非出自性格上的独，只不过是因害怕、害羞而不敢上前，看到别人能凑在一起玩耍，他也会羡慕，但若要让他主动上前，他则宁愿一个人待着。

造成孩子现在这个状态的原因有很多：

比如，我们把孩子保护得太好了，出门进屋总是抱在手里，不愿意放他下来，不愿意让他出门，生怕他受凉受热、磕着碰着，生怕其他人对他不好，生怕他受了委屈，结果孩子被圈在屋子里，圈在一群成年人中间，没有与其他孩子接触的经历，没有与更多陌生人交流的经验。

一位妈妈就这样说：

> 我的女儿直到快4岁时才去幼儿园，结果她与班里的小朋友的差距真是太大了，她不敢说话，甚至都不敢动，其他小朋友在跑在玩，她却一个人在一旁站着，吃饭不敢开口多要，上厕所都不敢说话。她很喜欢班上一个小姑娘，却不敢上前，只会下意识地跟在人家后面跑，也不敢跟人家搭话。上幼儿园的第一个月，我有时候偷偷去看她，她就像游离在人群之外一样，可怜得不行。
>
> 其实要说起来，这与我们家人的态度有很大关系，我女儿那时候都3岁了，家里人还不肯把她放到地下，去哪儿都抱着。本来说要3岁送她去幼儿园，结果老人说怕她不适应，拖到快4岁了才送去，结果这不是更不适应吗？看她不自信的样子，我也心疼啊！

不善交往的孩子其实内心也是有激情的，可是因为没有与他人交往的经验，所以他完全不知道应该怎么表现自己，这无疑更增加了他的不自信。所以，我们应该有意识地多带孩子去与同龄人接触，放手让他加入集体活动中，这对于提升他的自信心是大有好处的。

也就是说，孩子的自信是需要在人群中去培养的。他需要接触更多的人，接触不同的人，通过与人结交，去调节自己的言行方式，通过他人的感受和应对态度，对自己有一个准确的评价。而经历这样的过程之后，孩子的交往能力也将得到锻炼，敢于与人说话，敢于表达自己的意见，当他逐渐放开自我时，自信心自然也就慢慢回升了。

妈妈，我想长点"本事"，请帮帮我

——孩子缺乏自信心的关键能力

归根到底，一个人的自信心还是来源于他自身的能力。想要让孩子有自信心也是如此，简单来说，就是要让孩子能长一些"本事"，让他有资本去表现自信。

现在的很多孩子想要表现自信，却不知道应该怎么做，其实就是因为他自身缺乏能力，想要表现的时候，往往都没有能拿得出手的好的表现，就连他自己也不知道能在外人面前表现出什么来，所以他会表现得不知所措，最终只能退缩了事。

孩子会想要长点本事，也需要长点本事，那么我们就需要先了解一下，到底怎样的表现才算是孩子"有本事"。

很多家长将孩子的"本事"简单地归纳为"会的东西多"，而且这个"会的东西"他们也理解得非常肤浅，无非就是上各种兴趣班，掌握各种兴趣技能，比如跳舞、弹琴、下棋，还比如跆拳道、游泳，或者其他技能。

诚然，这些技能的确能让孩子显得有本事，也的确可以算作孩子自信的资本，然而有一些基本的东西却可能被我们忽略了。生活中不乏这样一种孩子，东西学得不少，可是他依然不自信。

有一位妈妈就有这样的疑虑：

> 我给孩子报了一些兴趣班，舞蹈、围棋、钢琴都有，就是希望他"技多不压身"，希望他能通过学习变得活泼、开朗、自信起来。可是我发现，他去上兴趣班的时候也很沉默，总是躲在角落里，如果没有孩子来搭话，他就不主动去找其他孩子。平时玩起来也倒是能玩，但一遇到人多，他就不行了，不敢说话，胆小，做什么事情都不愿意主动上前。有时候老师给他机会让他上前示范，他也磨蹭着不愿意去，着急了还会哭出来。
>
> 我原以为是孩子不喜欢兴趣班，可事实上却不是这样，他很喜欢去上课，只是上完课后自己一个人看、一个人感受。看着人家的孩子大大方方地在众人面前展示自己，我真是羡慕极了。

孩子所学也不少，也算是有了"本事"，可为什么还是这般不自信地表现呢？其实我们搞错了帮孩子建立自信心的顺序。学习技能不应该被放在首位，否则孩子就只是被动地去接纳技能。所以，应该先培养孩子开朗大方的性格，多带他与众人接触，让他有可以自由表达自我的主动性，然后再去提高他自身的能力、技能，这样他才能体会到自身本事给他带来的自信，简单来讲，只有不畏惧、可以大方表现自我的孩子，那些技能、本事才可能让他真的有底气。

而等到孩子有了自信心之后，我们就可以根据孩子自身的主动需求来有侧重地选择他想要学的"本事"了。可以先选择孩子最喜欢的事情，让他有想要充实自己的主动意愿和愉悦感，然后根据他的成长需求加入对他身心健康有益的技能，尤其是德行、能力的培养，这会让他更有自信的资本。

第二章
帮助孩子认识自我

——孩子认清自己，才会更自信

自信的一个基本条件，就是认清自我，只有了解自己的能力范围、水平程度，知道自己的价值，孩子才可能在面对他人或各种事情时有足够的自信心。否则，不管是自满还是自卑，都可能让孩子遭遇挫折，而这些挫折可能会使他的自信心瞬间丧失。

自信，就是相信自己

——帮孩子理解自信，并引导他相信自己的价值

对于孩子来讲，若想让他实现某种行为，就必须先让他知道这种行为所代表的意义，也就是说，他只有理解了"自信"到底是什么，才可能知道怎么去表现自信、怎么去相信自己的价值。

孩子最初对自我的认知更多地来源于周围的成年人。我们可能也有这样的经历，那就是在孩子小的时候，成年人说什么就是什么，孩子会接纳他最亲近的人的表达，这足以显现我们对孩子的影响。

来看这样一个小例子：

学校举行运动会，孩子被朋友拉着报名参加了接力跑。但开始练习之后，孩子却退缩了，他告诉妈妈自己跑不快，总觉得自己会拖后腿。他觉得自己是自不量力。

妈妈看过一次练习之后和孩子谈了一次心，她提醒孩子："你们是一个小集体，每个人在其中都会发挥重要的作用，当然也包括你，如果没有你，这接力赛都跑不下来啊！所以，你只要认真跑自己这一段路程就好了，跑步你肯定没问题，我相信你能跑下来。拿出自信来，自信就是要相信自己可以跑完属于自己的路，加油！"

妈妈的话被孩子记在了心里，后来妈妈又经常给他鼓励，让他坚持练习。比赛时，虽然没有拿到冠军，但孩子奋力奔跑的样子，依旧赢得了同学们的掌声。

从这位妈妈的表现来看，家长在帮助孩子理解自信的含义时，也可以发挥自己应有的作用，通过巧妙的引导，让孩子正确认识自信、理解自信，并意识到自己到底有怎样的价值。

首先，要给孩子讲清楚什么是自信。

自信是一个比较抽象的词，在向孩子讲解自信时，我们要尊重他的年龄特点，用他可以理解的方式来引导他，使他自己意识到什么是自信，怎样才能表现出自信来。

比如，当孩子做到一件事时，就告诉他"你能好好地表现，不躲、不退，这很棒，这就是你的自信"。这样的说法可以让孩子意识到自己刚才的表现是正确的，那种不躲不退的样子，就是自信的表现。通过这种简单的提示，孩子不但能将自己的行为与自信联系起来，而且能得到肯定。

其次，引导孩子看到自己的价值。

孩子对很多事都抱有新鲜感，他抱着想要尝试的心情去做事，但对于是否能成功其实并没有多大的预期。如果成功，他会感觉到快乐，并意识到自己可以做到很多事，尤其是一些以前从没做过的事；如果失败，他会沮丧，同时也可能对自己的能力产生疑问。

引导孩子看到自己的价值，就是要让他看到自己到底能做到什么地步，他哪些方面做得好，在什么方面努力可以得到妈妈的肯定。同时，也要让他看到自己经过努力之后得到了怎样的好结果。比如，能让他看到快乐、满足的结果，这会让他更有想要体现自己价值的意愿。而我们对他所体现出来的价值也要予以真实的肯定，要信任他。

最后，提醒孩子尽可能相信自己。

自信的一个最明显的表现是不管何时都能表现出对自我的信任（当然，自负等除外）。有的孩子可能有妈妈在的时候会依据妈妈的表达而信任自己，但是妈妈不在身边，他就没法信任自己，似乎只有妈妈的话才能让他放心信任自己。

这也就提醒我们，在引导孩子的时候要多让他注意自身，而非他人的评价（当然，他人正确合理的批评、建议等除外），让他多体会自己做事及做事成功之后的感受，多一些主动性，从而保证他在更多的时候能主动相信自己。

孩子，发现自己的闪光点

——引导孩子列一个自信的信念清单

不自信的孩子永远看不到自己哪里做得好，如此一来也就没法从自己身上找到自信的资本。帮助孩子发现身上的闪光点，是培养孩子具备自信心的一个好方法。

孩子的行为更多地源自自然，他可能并没有意识到自己做了一件好事，或者没有意识到自己刚才的表现是值得肯定的，这时就相当于他忽略了自己的闪光点，对自己并不了解，当然，也就不知道如何自信以及如何表现自信。

还是那句话，孩子最初对自我的评价来源于周围人的感官，那么我们就不妨帮助孩子来好好认识一下自己，让他发现自己身上那闪闪发光的每一处，和他一起列一个能让其产生自信的信念清单，让他能意识到"原来我也是可以如此自信的"。

这个清单的内容应该包括这样几个部分：

第一，孩子已经表现出来的良好行为。

每个孩子都会有一些良好的习惯，或者良好行为——有礼貌、能自理、自律、有正义感、善良、不嘲笑他人、关心朋友等，孩子会在不经意间表现出很多值得肯定的行为。这些都应该被看作孩子值得骄傲、自信的资本。

我们平时应该多观察，不仅要自己观察，还要从与老师、与孩子的同学以及与其他同学父母的交流中去发现孩子一些我们平时没注意、不知道的亮点。

不管是多小的内容，只要是好的行为、好的习惯，都可以列入这份清单中，我们需要用这样的一点一滴来引发孩子对自我的接纳，要让他意识到自己并非如他所想的那么一无是处，那些一闪一闪的小亮点，完全可以成为他自信的资本。

第二，孩子可能会出现的隐藏闪光点。

除了孩子自身已经具备的好的表现，每个孩子还是一座隐藏的宝库，只要细心挖掘，那些隐藏的闪光点也都能被除去蒙尘，变得闪闪发亮。

这些隐藏的闪光点有的可能是孩子不经意间表现出来的，比如一个原本霸道任性且自私的孩子，某一天突然伸手帮助了别人，那么这就意味着孩子是有乐于助人的潜质的，只要引导得当，就会让这个孩子良善的本性再次显现；有的可能需要一些契机，比如看到其他孩子哭泣，我们可以引导孩子同理换位，鼓励他去安慰对方，从而唤醒他内心对他人的关心与爱护之情。

不要忽略孩子的潜能，我们应该拿出足够的耐心与细心，在了解孩子

的基础上，多关注，多为他创造机会，激发他释放更多的闪光点。

第三，孩子可以凭借实力攻略的问题。

有一些小问题，容易被我们忽略，或者误以为那是孩子的缺点，其实不然。有些问题只是孩子没注意或者偶尔犯错，只要确认以他的实力来解决这个问题是完全没问题的，那么多加鼓励、引导，他就能克服困难，解决问题。

我们需要引导的是孩子的主动性，也就是他需要主动去克服困难、解决问题。当孩子能不断纠正问题，让自己逐渐变得越来越好时，他的自信心自然也会有所提升。

第四，别人身上可以借鉴的内容。

还有一些优点，孩子本身没有，但这并不意味着这是被排除在清单之外的内容。孩子都具有强大的学习能力，虽然某些优点在别人身上有而自己暂时没有，但只要孩子认真学习，并将其也变成自己的好习惯、好行为，这也同样可以被归类为孩子自身的优点。

你那点不行，但这点还是很厉害的

——教孩子认识到自己的优势所在

　　每个孩子身上都有闪光点，我们帮他列出自信清单，帮他认清自己的闪光点，是为了让他知道自己有足够的资本。但与此同时，我们还应该让孩子意识到自己的优势到底是什么，他凭借这样的优势能够有怎样的表现，这些优势又是如何让他能自信满满地立于众人之前的。

　　随着孩子的成长，他会越发注意到，自己得到的肯定变少了，因为很多妈妈在孩子的成长过程中会更注意他"没做到什么"和"哪一点没做好"，而对他做到的、做好的部分却有一种理所当然的想法。孩子在经常被训斥、被教育之后，就会对自己产生一种错误的认知，认为自己"果然什么都做不好"。

　　还有一部分孩子则会随着自我经历的变化而出现心态的变化，比如当他发现自己做不到、做不对的事情越来越多时，哪怕周围人没有训斥他，哪怕都是鼓励，他自己也会产生一种挫败感，从而认为"我真的做什么都

不行"。

但我们应该看得出来，因为几乎所有的孩子都有优点、都有自身的优势，所以我们要引导孩子去发现自身的潜能、感受自身的优势。

第一，多关注孩子好的方面。

每个孩子都需要在肯定中成长，过多的否定是最打击他自信心的做法。所以我们应该注意自己平时的表达方式。有的妈妈习惯于说，"你表现都挺好的，但就是这一点不好"，这样的表达其实很打击孩子，因为人们对话语内容的关注，会不自觉地落在"但是"后面的内容之上，即便是孩子也会逐渐熟悉这样的表达形式。所以我们可以反过来说，"虽然这一点你做得不好，但另外一点上，你的表现还是很好的"。

这样的表达就意味着我们将关注的重点从不好的地方转移到了好的地方，这不仅能让孩子感到愉悦，对于我们自己来说，也是很有益处，它能让我们感到宽心。多关注孩子表现好的方面，还能让我们对他的成长抱有更多的期待。

第二，引导孩子更深刻地认识自己的优势。

孩子只知道自己哪里表现得好是不够的。比如，如果我们只说"你很有礼貌，这很好"，那么孩子多半会记起自己曾经表现过礼貌的样子，并认为只要那样就足够了，这反而会让他的礼貌表现被局限在一些简单的行为之中。

我们应该引导孩子更深刻地去认识自己的优势。还用礼貌来举例子，对于有过几次礼貌表现的孩子，可以提醒他"你能好好和人打招呼这是非常好的表现"，但在这之后，还要再提醒孩子，"礼貌应该成为你的好习惯，你要将其当成一种可以自然而然表现出来的行为，这样你才能充分发挥你的优势"，也就是要让孩子不仅要意识到自己的优势是什么，还要明白这个优势可以有怎样的发展，明白他可以怎样更好地表现优势。对自己的优势越是有明确的认知，孩子越能从中感受到自信。

第三，提醒孩子不要把优势变成劣势。

按照常理来说，孩子的优势理应成为他自信的资本，但如果他不懂得经营优势，反而将之束之高阁或者很快将其遗忘，优势必将不保。因此提醒孩子保持自己的优势，也是很重要的。

比如，孩子是一个勤奋的人，那就鼓励他保持勤奋，不要轻易懈怠下来；如果孩子是个品行良好的人，那就提醒他不要轻易被诱惑，以至于破坏了自己的良好形象。之所以要这样讲，是因为每个孩子在各自的成长过程中都将面临各种各样的诱惑，如果不小心走错了路，优势就会变劣势，这不仅会让他的闪光点消失，使他失去了自信，而且会毁掉他可能向好的人生。

第四，善于鼓励孩子积极向好。

每个孩子都是一个巨大的宝藏埋藏地，很多宝藏在一定契机之下会显现。而其他榜样便可能是引发孩子打开宝藏的非常好的契机。所以，要鼓励孩子多学习好的表现，正所谓"近朱者赤"，总是接近良友，总是不断地学习，哪怕孩子之前没有这方面的优势，他也会通过学习具备提升优势的资本。

每个人都有自己的"短板"

——教孩子真实地了解自己，克服自身的弱点

在上幼儿园的孩子就已经会讨厌某种状况了，那就是"我做不到"。孩子并不喜欢遇到做不到的事情，也不喜欢自己有弱点，更不喜欢自己遭遇失败。尤其是当很多孩子凑在一起的时候，若是别人都能做到的事情，自己却做不好甚至做不到，那对孩子的打击将是很严重的。

但有一个事实却是，人人都有"短板"，至少绝大多数人是如此，不是所有的人都能实现完美，每个人总会有一些做不好、做不到的事情。所以，没必要因为自己的"短板"感到不自信，应该把更多的精力放在如何填补不足之上，这是我们应该告诉孩子并使之明了的一个道理。

首先，让孩子意识到，有"短板"并不是见不得人的事。

"短板"的存在让很多孩子抬不起头来，幼儿园的孩子可能还不太明显，但到了小学，孩子们的小心思开始活跃起来，一些感觉自己表现不太好的孩子，就会变得自卑，会不自觉地退缩。

有位妈妈是这样做的：

孩子放学后告诉妈妈："我感觉自己没法参加学校的队列表演，只要一行进，我就开始顺拐，老师反复点我的名字，大家也都嘲笑我。"

妈妈则说："听着是挺让人难受的。我记得我军训的时候好像也顺拐过。"

孩子好奇了："那后来呢？"

"后来，"妈妈说，"我提醒自己，这没什么，只要好好练习，是可以努力纠正过来的。而且当时也有几个同学出现了和我一样的情况，我们一起跟着教官'吃小灶'练习，后来还真掰过来了。"

孩子问："没人嘲笑吗？"

妈妈笑了："当然被嘲笑了，我也挺难受的。不过自己努力克服，不就不会被嘲笑了吗？"

对于孩子来说，感受"短板"并不愉悦，但如果让他意识到其实人人都有"短板"，他也许会觉得自己没有那么特殊，适当引导，让他知道"短板"也是有消除的可能的，这会让他不再因为"短板"而过分担忧。

其次，提醒孩子，"短板"的存在也是好事。

有"短板"，就意味着一个人是有可进步的空间的，从另一个角度来

说，这也是一件好事，我们要把这一点讲给孩子听，以免他对"短板"产生误解。

孩子要意识到，"短板"就是在提醒他，他在哪些方面需要继续努力，他只要认真分析、好好努力就可以了。让他知道，"短板"的出现虽然带给了他失败或者挫折这样不好的体会，但也同时给了他努力奋斗的方向，他完全可以将其化为动力，为弥补"短板"而努力。

最后，引导孩子有智慧地应对"短板"带来的问题。

有的孩子为了弥补"短板"而忽略了原有的优势，最终"短板"的确补上了一些，可原本的优势却因为被忽略也随之变成了劣势。所以，要应对"短板"所带来的问题也是有智慧的。

比如，提醒孩子尽自己最大的努力去弥补"短板"，不是一定要让他将"短板"补成与其他方面一样好的状态，而是只要他能为此努力，让"短板"得到一定程度的补足就可以了；还比如，在某些时候，教孩子学会规避"短板"，举个简单的例子，有的孩子在解应用题方面不算好，那么遇到考试的时候，就要让孩子尽量把其他类型的题目都做好，然后应用题则能解多少就解多少，即便丢分也不会感到遗憾。

孩子，这个世界上没有完美的人

——引导孩子接纳不完美的自己

追求完美是孩子的一种天性，年幼的孩子会经历一个追求完美的敏感期，而随着他的成长，这个阶段会结束，但他对完美的渴求却会持续，如果能够实现完美，他还是愿意为之去努力的。

可是另一个事实却是，这个世界上几乎没有完美的人，每个人都或多或少、或大或小地有各种毛病，而也正是因为这些不完美，人才能显得真实。对于这样的道理，很多孩子是不能理解的，就像3岁的孩子因为一个苹果被咬了一口而拒绝接受，随着成长，孩子对完美的这种追求依旧存在，他同样会因为自己学不会跳绳、画不来好看的画、唱歌跑调、齐步走顺拐等事情而感觉沮丧。这些不完美的表现，都会变成减弱他自信的重要因素，甚至有的小女孩，会因为自己戴了眼镜而变得自卑，不敢抬头，最终不愿意去上学。

孩子们的内心对于完美的追求是不容忽视的，我们可以理解这样的心情，但不要任凭孩子陷入这种追求之中不能自拔。对完美的渴求是人之常情，然而这种追求需要在正确的心态支持之下去展开，否则偏执的追求只能让孩子钻入牛角尖。

追求完美的前提就是孩子要接纳自己的不完美，也就是说，孩子应该有这样一种理念，"正是因为我不完美，我有不足，所以我才有动力去继续前行"，而不是"我怎么可以不完美？这是不行的，我必须要完美"。

正确接纳自己的不完美，孩子才可能正视自己的问题，并找到自己不完美的原因，找到可以攻破不完美的点，从而通过努力来向完美靠拢。相反地，若是孩子从一开始就排斥自我，那么他努力的方向就很有可能是错误的，最终反倒让他变得更加不能接纳自我，更加厌弃自我，这就变成了一种畸形的心态。

不过话说回来，并不是所有孩子都能取得进步，有些不完美，可能经过努力也无法弥补。比如，说一个比较极端的例子，有的孩子天生残疾，那么即便再怎么努力，残疾的部分也不可能弥补回来，如此一来孩子就要一直自卑下去吗？当然不是了。

接纳不完美的更高境界就是接纳自己的全部，不管自己是什么样子的，都一并接纳。好也罢、坏也罢，每个人生而不同，我们应该教孩子认同自我。

所以，我们不妨试着这样来做：

第一，和孩子一起正视他身上的不完美。

当孩子有不完美的表现、有缺点、有问题时，我们的态度自然一些，不指责、不批评，表情上也要平静，不皱眉、不瞪眼，孩子会因此而感到轻松，也就不会对不完美过分看重。接下来再引导他将不完美看成是自己的一部分，他也就不会那么排斥了。

第二，教孩子分析自己的不完美。

不嫌弃自己的不好还不够，孩子还要意识到自己为什么会有这样的问题出现，他可以想象自己在哪方面出了问题，专心于去解决问题，这才是他此时应该做的事情。

第三，让孩子看到接近完美的希望。

当孩子产生想要改变的心思时，给予他鼓励，引导他为自己树立目标，肯定他愿意努力的心思，并尊重他为此付出的所有。只要有希望，孩子就能表现得越来越好。

第三章

及时调整孩子的负面情绪

——清除负能量，集聚自信正能量

　　不自信的孩子情绪自然不会太好，而情绪一旦受到影响，自信心也势必会随之被影响，这就是一个负性循环。孩子需要集聚正能量，只有内心充满正能量才能让自己内心平静下来，并有能力去思考及展现自信。所以，及时调整孩子的负面情绪，也是帮助他清除负能量，集聚正能量。

想哭，就哭一会儿吧

——给孩子一个释放情绪的空间

负面情绪对于人的影响是毋庸置疑的，很多成年人都会因为负面情绪而不能很好地掌控自己的行为，更何况是孩子。孩子往往不知道应该怎样应对这些负面情绪，任由情绪干扰他，一时间不知所措。

孩子可能经历的负面情绪，包括焦虑、烦躁、委屈、悲伤、愤怒等，任何一种形式的负面情绪，都能让他疲于应对。这种状态下，不管是做什么事，孩子都不可能有充足的精神去应对，也就更谈不上自信了。

其实对于孩子来讲，应对负面情绪是需要时间的，他要通过一次次的经历，再加上周围人的帮助，尤其是父母家人的引导，逐渐学会理智应对。那么在这个过程中，我们要尊重并理解孩子的负面情绪，要给他一个释放情绪的空间。

之所以这样讲，是因为让孩子发泄出来其实也是应对负面情绪的一种方法，孩子在感觉难过、生气、愤怒的时候，都可能会哭泣，而这就是情

绪的一种发泄方式，让孩子有个情绪的发泄口，帮助他释放负能量，让正能量得以回归。

第一，关注孩子的情绪变化。

处于负面情绪中的孩子，多半都没有好脸色，行为可能也会显得很不妥当。比如，有的孩子因为感觉郁闷，就对妈妈的话不理不睬；有的孩子因为愤怒，还可能会毁坏东西；有的孩子因为悲伤，会对所有的事情提不起兴趣。

有的妈妈致力于在这个时候去纠正孩子的负面情绪——这其实是错误的指导走向，我们更应该关注孩子的情绪变化，了解他为什么会有这样的情绪，至少要了解他的情绪是否是"合理"的存在，这样我们才能予以孩子更准确的指导。

第二，允许孩子采取哭泣等方式来发泄情绪。

对于孩子来说，发泄情绪的一个最主要的方法就是哭泣，除了哭泣，他还可能会大喊大叫，或者搞一些破坏，若是在安全范围之内，我们倒不如允许孩子这样发泄一下。

给孩子找一个合适的角落，或者允许他独处一段时间，让他好好哭一场。给他一些安全的物品，比如抱枕、布偶，允许他捶打一番；也可以给他一些纸、笔，任由他随意地写画。总之，让他的情绪能有一个可去之处。

我们要保证的是孩子的安全，在让孩子独自发泄的过程中，我们也要多观察，可以不让孩子察觉到，但要确定他是在做安全的事情。

第三，不要让孩子没完没了地哭泣。

情绪不好，闹一闹是可以的，但也要有度。孩子的情绪不可能总是这么糟糕，他总有慢慢平静下来的时候。我们要把握好时机，在合适的时候开口和他聊一聊，适度引导他走出坏情绪。

在这个过程中，我们要保持爱心，对孩子要有爱，而不是反复提及他的问题，他此时的状态最需要得到的是安抚，而非指责。我们平静地应对和包容他，会让孩子更快地走出负面情绪。

你不是普通的石头，而是一块宝石

——引导孩子走出自卑，迎接自信的阳光

　　自卑的人会习惯性地贬低自己，即便自己表现得好，他也觉得自己不行，会没来由地否定自己，并不相信自己的表现，也不认同自己的能力。这种自己把自己看成是一块普通砂石的想法，也确实给人的自信心带来不小的冲击。

　　人与人自有不同，谁在哪方面表现得好，这取决于个人特色，而且人人都是优缺点并行的，这是毋庸置疑的事实。只不过，有的人更阳光一些，他们关注自己表现好的地方，致力于将其发扬光大，对不好的地方，也想办法去提升、弥补；有的人则只看到了自己的缺点，却又只是看着，没有任何行动，就连好的表现也因此受到拖累，结果使整个人都变得不好起来。

　　很多孩子也是这样想的，也许是环境所致，也许是自身性格的原因，孩子不相信自己，不能很好地展现自己的能力，结果很多可能耀眼的宝石，

也因为终日蒙尘而被彻底埋没。

孩子原本不应该这么自卑的，每一个孩子都应该尽情、自由地欢笑，尽情、自由地把自我良好的一面展现出来，一如他年幼时期那种毫无顾忌地欢笑一样。那么如何帮孩子恢复这样的状态，就需要身为妈妈的我们好好思考一下了。

首先，给孩子一个准确的定位。

孩子之所以自卑，就是因为不能很好地给自己定位，他会不自觉地放大自己的缺点，并错误地看待自己的优点。而且，孩子会很确信自己的认识，这就导致他越发不自信起来。

我们可以帮他分析他哪里表现得好，让他意识到自己的优点，同时也不要否定他有缺点，肯定他表现好的地方，为他指出哪里还是可以进步的，更客观地为孩子分析，让他了解自己到底是一个怎样的人，他的能力到了怎样的程度，有怎样的成绩，有哪些问题……

孩子对自己越了解，也就越能认清自己，定位也会越准确。

其次，尽量不与其他孩子比较。

有时候我们会不经意地说一句"你看看人家的孩子"，这就会让孩子不自觉地去把自己与他人进行比较，尤其是有的妈妈还会很明显地给孩子列出来他比别人差了哪些方面，这会更容易引发孩子因为别人的好而自卑的心思。

所以这种盲目的横向比较要不得，别人再好也是别人，孩子可以拿来当榜样，但并不是用对方的好来打击自己的信心。我们不仅要多关注孩子的进步，也要提醒孩子将更多的注意力放到自己身上来，让他多思考自己与之前相比有了怎样的变化，多想想以前的问题现在是不是已经解决，当孩子看到自己不断在进步时，内心也会变得开朗起来。

当然，这并不是说一点都不能与别的孩子比较。比如，可以理性地引导孩子发现别的孩子身上的优点，鼓励他向人家学习，这也是可以的。但要注意把握度，不要拿别的孩子的优点去与自己孩子的缺点做比较。

最后，好了就肯定，错了就批评，是非分明。

有一位妈妈说："孩子表现好是应该的，好好学习、好好做家务、有礼貌什么的，都是他应该做的，有什么可夸奖的呢？倒是他出了问题，需要严厉一点，这样他才能更快地改正错误，我也是为了他好。"

然而，没有人喜欢被批评，孩子更是如此。经常被批评而得不到肯定的孩子，会觉得自己是没有价值的，也就更谈不上自信心了。所以，对待孩子我们也要自然一些，是是非非分明而准确，孩子表现好，就予以肯定，增强他的自信心；表现得不好，合理中肯的批评才能带给他更多的指导，让他能变得更好。而孩子通过这种"赏罚分明"的待遇，也会对自身有一个更为明确的认知，那就是"他虽然有缺点，但也的确有值得肯定的地方"，这种自我肯定的认知，对于提升他的自信心是很有必要的。

孩子，不用怕，勇敢点

——鼓励怯懦的孩子胆子大一些

懦弱胆小是不自信的一个最主要表现，很多孩子正是因为胆小才显得不自信，很多事情原本他可以做到，胆小却让他不敢迎接那个机会，导致他错过展现能力的良机，因此他也就无法体会到成就感以及成功所带来的喜悦，便也没法积累让他自信的资本——缺少足够的体会自信的经历，他自然也就越发不自信。

但是鼓励孩子胆子大一点，也是需要技巧的，否则就会弄巧成拙。

班里开展"每日演讲"活动，同学们每天轮流上台演讲5分钟。但孩子胆子小，不相信自己能站在众人面前开口，所以很是发愁。

妈妈说："没事，这有什么可怕的呢？不就是上去说几句话吗？你把词背熟了，上去几分钟就讲完了。"

孩子说："我不想去，就是不想去众人面前演讲。我觉得紧张，说错了会被笑话，我不敢。"

妈妈则说："你还是男孩子呢，连这个都怕？"

孩子很不愿意听，没好气地说："我就是不想去！"

妈妈一皱眉说："你看你这孩子怎么回事啊？我这是鼓励你，让你勇敢点。有机会你抓不住，我看你以后也没什么大出息，胆子这么小，连上台演讲都不敢，还能干成什么事？"

孩子非常不开心，其实他内心也有过幻想，但他的确有些胆小，如果妈妈能鼓励他，也许他还能鼓起勇气尝试一下，但现在妈妈这样说，他反而不愿意去争取这样的锻炼机会了。

孩子希望获得鼓励，妈妈如果能给予正确的支持，就会成为他最稳固的支柱，但若是像这位妈妈这样，对孩子采取冷嘲热讽式的"教导"，必然会引起孩子的反感。毕竟，勇气并不是说有就能立刻有的，对于胆小的孩子来说，我们要采取一些有智慧的方法。

第一，接纳孩子胆小的事实。

很多孩子都胆小，这是不能逃避的事实，但有的妈妈并不喜欢这一点，尤其是男孩子，妈妈并不愿意接纳这个事实。但这种不接纳，反而会增加孩子的心理压力，让他更加烦躁，也更加不愿意面对胆小这个问题。

所以要让孩子勇敢起来的前提，是我们不嫌弃他的胆小，先让他不会有那么强烈的不安全感。我们平静地接纳这个事实，理解他因为胆小而不自信的表现，并安慰他因为胆小而来的种种恐惧心理，这才能让他放松下来。

第二，问问孩子，"你在怕什么"？

孩子胆小总是有原因的，所以如果你总是习惯性地说孩子"这有什么好怕的"，这就意味着你在否定他的感觉，反而增加了他的恐惧。

比较有效的询问是问问孩子："你在怕什么？"通过这种询问，让孩子主动说出害怕的东西，这其实也是让他释放情绪。我们只有确定他到底在怕什么，才能给出更有针对性的帮助。比如，孩子怕黑，那就帮他确定黑暗会被光明驱散，他害怕的东西其实对他并没有多大的威胁，或者给他一些建议，让他感受到，他其实可以做到很多事，那些让他害怕的内容只是他自己在杞人忧天，这样的帮助才是孩子所需要的。

第三，增加孩子的锻炼机会。

要应对胆小，多锻炼是最直接有效的办法。比如，孩子不敢在众人面前说话，那就多带他去接触人群，鼓励他在不同场合下开口，一旦他有了更多的体验，知道应该怎样去应对不同的人，那么这些经验就会让他变得自信起来。

我们可以结合前一条提到的孩子害怕的原因，对孩子开展不同的训练，让孩子多一些经历和经验，这有助于他消除恐惧心理。

第四，有时候也要能"狠心"把孩子推出去。

有一个介绍秃鹰的纪录片，其中有这样一组画面：

在小鹰6个月大的时候，父母要教它学习飞翔，由父亲为小鹰示范怎样展翅翱翔。但是小鹰不敢直接从200多米高的悬崖上跳下，母亲在一番安抚鼓励之后，反而用嘴将它直接推下了悬崖。有了第一次飞行体验，便有了经验，再加上父母的鼓励与示范，小鹰最终学会了飞翔。

没错，我们有时候也需要像小鹰的母亲那样，能够狠心把孩子推出去。其实很多妈妈都有一种矛盾的状态，一边抱怨孩子"你怎么这么胆小"，另一边却在他胆小求援时，给他需要的庇护。

若想让孩子有勇气，我们就要有坚定的信念，相信孩子是可以在逆境中成长的，他只是需要有人逼迫一下，推他一把，一旦他不得不去面对，自然也就能有所表现了。当然，我们也要注意，不能太过冷漠，要好好判断能让孩子去锻炼的时机，不要一上来就把他推到一个孤立无援的位置上，可以由浅入深，最好循序渐进，要给他足够的适应时间。

你要是 ××，你会怎么做？

——培养孩子的同理心，教他学会换位思考

在很多孩子眼中，有一种"自信"叫"别人的自信"，也就是他们眼中会看到别人如何自信地表现，其实他们的内心也是有感触的。有的孩子可能会想，"如果是我，我能不能做得和他一样好？我能不能有他那样的表现"，这其实是一个很好的换位思考方式。

那么应对不自信的孩子，我们也不妨用一用孩子的这种同理心，多培养孩子这种同理心，教他学会换位思考，让他能用那些成功人士的思路来激发自身的勇气，使他能勇敢地迈出那一步。

当然这种方法的使用也是有技巧的，合理的换位思考，会让孩子能够由人及己，但若是培养同理心的过程是不合理的，孩子可能就变得"迁怒他人"了。

比如，有一位妈妈就给我们做了一个错误的示范：

得知同小区的一个孩子参加全国舞蹈大赛得了第一名，妈妈很羡慕，就对同样也学舞蹈的孩子说："看看人家那孩子，真是有出息。换作是你，估计还没上台就得先哭一顿。你呀，就是胆小，明明自己也能学会，老师也说你跳得不错，你怎么就不能跟人家孩子一样勇敢地上台表演呢？你说你要是跟人家一样有那样的好机会，你也好好表现，你也能行啊！"

孩子很不高兴妈妈这样的说法，没好气地说："我又不是他，我就是我！"

妈妈不喜欢孩子犟嘴，也生气了，训斥了孩子几句。而孩子也气鼓鼓的，觉得同小区的那个"谁"真是讨厌，得个奖还非得让所有人都知道，有什么好骄傲的，真讨厌！

原本是一个很好的换位思考的机会，却因为妈妈的错误引导而让孩子对那个需要他学习的榜样产生了厌恶心理。如果如此长久下去，孩子不仅可能变得自卑胆小，还可能变得更容易妒忌别人。

教育孩子是需要有智慧与技巧的，可以试试这样来做。

首先，尊重他人的成就，但不贬低自己的孩子。

看到别的孩子取得了好成绩，有些妈妈不仅会羡慕，还会反过来对照自己的孩子，并因此觉得自己的孩子真是"问题多多"。一旦有了这样的想法，妈妈对待孩子可能就不那么温柔了，这样的态度会让孩子更自卑。

尊重别人的成就，认同他人良好的表现是没错，但我们要将他人的表现当成是鼓励孩子继续努力奋斗的榜样或动力，而非以此来"彰显"孩子的不堪。只要我们看得起孩子，对他有信心，他也会愿意为了获得那些成就而努力；而只要他努力，他就有可能积累资本变得自信起来。

其次，鼓励孩子思考自己的表现，而不是去与对方比较。

同理心让孩子换位思考，自己放在对方的位置上思考。但是有的孩子并不是在思考"如果我在那个位置会怎么做"，反而是开始比较自己与对方的差距，比如有的孩子可能会想"如果是我，我可没那个能力做到，他明显比我有能力"，这样的换位思考无疑是让孩子感觉自己受到了更大的打击。

所以即便是引导孩子发展同理心，我们也要给他一些积极正向的提示，提醒他多去思考自己在同样位置上的表现，也就是去预想自己可能会怎样做，自己可能会取得怎样的成果，而非去与那个"原主"进行比较，更不能让对方的光芒盖过自己想要努力的心思。

最后，引导孩子从对方的表现中发现努力的方向。

同理心是为了让孩子有成功的代入感，也就是要让他从他人的自信与成功之中，去体验那种自信表现可能带给他的感受。在这个过程中，虽然不比较，但孩子还是可以发现一些自己的问题，或者说自己努力的方向的。比如，自信的孩子可以大方地介绍自己，那么不自信的孩子通过换位思考，就能发现自己的问题，他需要锻炼自己的语言表达，并培养自己开口的勇气。孩子要从好的榜样中去获取自己前进的方向，只有这样才可能让他有收获。

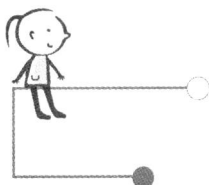

跨过去，你就战胜了自己

——提升孩子的挫折承受力

孩子一路成长前行，这其中最能打击他自信心的就是挫折了，很多孩子原本可能是有自信的，但是一旦经历了挫折，他就开始怀疑自我，表现得更加小心翼翼，会害怕再次遇到挫折，而这种表现也就意味着他的自信心正在慢慢消散。

孩子的人生之路不过刚刚开始，如果频繁遭遇挫折，他就会受到严重的打击，但是经历一些挫折对于孩子来讲也是有好处的，暴风雨过后才可能会有彩虹美景。让孩子凭借自己的坚韧、努力去战胜挫折，不仅是在帮他积累人生经验，而且这样的经历，能唤醒他更为坚定的自信心。

话虽如此，但真要好好观察一下现在的孩子们，也许我们就会发现，他们的承受能力可能真的不太好，他们可能会在任何一种挫败之下哭泣、沮丧：考试失败、比赛输了、交友被拒绝、受到老师的批评、没有完成任务、搞砸了重要的事情……孩子的生活中原本就有种种挫折，如果一遇到事情就没了自信，他的生活注定会过得不如意，这显然与我们想要孩子生活得坚强快乐的期待背道而驰。

所以，提升孩子的挫折承受力，并进而提升他的自信心，也是我们在教育孩子过程中的当务之急。

第一，不让孩子过顺风顺水的生活。

虽然没有人会对挫折有喜欢的情感，但挫折也是生活的常态。然而，很多孩子却可能很少甚至是几乎没有经历过挫折。此时，孩子一旦突然遭遇挫折，那么从来没应对过的情况，就会让他的情绪变得极其不稳定，他自然也会怀疑自己。导致这种情况的直接原因，正是我们给了孩子顺风顺水的生活，让他将顺利的生活状态当成是常态，挫折反倒成了"稀罕物"。

如果让孩子对挫折习惯起来的话，他便也就不再那么害怕挫折了。所以我们理应恢复生活的真正常态，那就是成功与挫折参半并行，在这种状态下，孩子会自然经历成功，也会自然经历失败——打破原本顺风顺水的错误状态，孩子自然会坚强起来。

第二，教孩子正确表现自尊心。

一旦遭遇挫折，很多孩子的自尊心往往会表现得非常强烈。

一个原本每次考试都考第一的孩子，有一次期中考试考了班级第三，结果一个多星期了孩子都阴沉着脸，在家不好好吃饭不说，还总是动不动就发火，弄得整个家里气氛沉重。不仅是家里，在学校里对同学也不那么友好，尤其是对待考第一和第二的同学，他更是动不动就怒目，和对方说话也夹枪带炮。

要说这是孩子自尊心强烈，其实还有一个更为确切的形容，那就是这

孩子"输不起"，他错误地表现了自己的自尊心，用负面情绪来发泄遭遇挫折之后的不满。我们应该引导孩子正确表现自己的自尊心，他可以沮丧，却不能一蹶不振；他可以感到悲伤，却不能就此抑郁；他可以有愤怒，却不能将其发泄到他人他物之上，他应该将更多的精力放在已经出现的问题和未来可能的成功之上。

第三，引导孩子多向前看而非惋惜过去。

遇到挫折而不能前进的孩子，多半都是过分在意已经过去了的失败的事实，既害怕却又无法抛弃，纠结、复杂的心情加上烦躁的情绪，让他没有精力去继续前行。

孩子应该摆脱这种"停步不前只为后看"的状态，他可以停下，但应该是总结过去，眼看未来，再接下来就要迈步继续向前。以过去为教训，将曾经犯过的错误纠正过来，将已经出现的漏洞弥补完全，以便更快地去接近下一次的成功。

第四，用自己的接纳给孩子勇气。

事实上，孩子对待挫折的态度很大程度上取决于我们的态度。孩子惧怕挫折、不自信，除了挫折让他感觉难受之外，还因为我们会因为他的挫折失败予以严厉的批评指责。

所以，当我们能心平气和地对待他的挫折，包容他、给予他恰当的安慰，并能引导他站起来，鼓励他继续前进时，他自然也就不再将挫折当成洪水猛兽，他会意识到"妈妈一直站在我身后，我也要更加努力"，这种心态的变化发展才应该是孩子对待挫折的正确认识。

妈妈，我真是太差劲了

——孩子悲观，就培养他变得积极乐观

从心理学角度来看，悲观是一种不安的情绪，由自我感觉失调产生，具体表现为心理上的自我指责、毫无安全感，总是用负性思维方式来思考，对未来总是往坏处想。

比如，孩子受到了老师的批评，就觉得自己很差劲，是个不听话的孩子，是个被老师讨厌的孩子，可能做什么事都没有前途了。一旦孩子陷入这样的一种思维模式之中，他就会否定自己的一切，对任何事都没有了积极的心态，自信就更谈不上了，而这样的结果就是他可能会经历越来越多的失败。

显然这种心理是自信的大敌，要让孩子自信起来，就要先消除他的悲观心理，培养他变得积极乐观。

首先，营造积极乐观的家庭氛围。

导致孩子出现悲观的心理，除了其先天性格原因之外，一个最大的原

因就是他长期处在一个悲观的环境之中，环境的影响是潜移默化的，但也是根深蒂固的，如果不能及时消除环境的影响，那孩子的悲观就不会那么容易消散。

家庭环境是孩子所接触的第一个环境，也是接触时间最长的一个环境。如果我们能在家中塑造积极乐观的氛围，孩子也会受到感染。真正的积极乐观，不仅包括在家中和言细语、经常欢笑，也包括在遇到各种事情之后，我们那种积极的态度——不争吵、不抱怨、不发泄，冷静地去思考、平静地去处理，并最终解决问题，这才是最让孩子感到积极乐观的表现。

其次，引导孩子认识事物的两面性。

事物都是有两面性的，乐观的人会看到积极的一面，悲观的人则更注意消极的一面。有的孩子会很固执，遇到事情就会直接想到不好的一面，并因此判断自己不行，甚至放弃努力。

我们需要引导孩子去看到事物好的一面，帮他从另一个角度去思考，可以为他分析事情的发展方向，直到让他明白事情并不全都像他想象的那么糟糕。

当然，有一些事情可能真的是结果已定了，这会让孩子更加确信事件的性质，比如考试失败，成绩已出，没法改变。要开解孩子的内心，提醒他虽然结果是不好的，却也可以看到结果所带来的另一面的效应，那就是他还可以从此更加努力，记住这次教训，从而扭转下次的结果。

再次，给孩子积极的心理暗示。

孩子的悲观情绪与我们的表现密切相关。比如，如果妈妈频繁说孩子

"你总是这么没出息"，这就会变成一个消极的心理暗示，孩子也就会慢慢放弃自己；但相反地，如果我们总是给孩子希望，给他积极的心理暗示，让他意识到自己"只要努力也可以做到很多事"，那么他也许会更愿意去努力改变现状。

同时我们还需要经常给自己积极的心理暗示，暗示自己"孩子只要努力，总会有所不同"，这也会帮助我们自己在日后教育孩子过程中，以更积极的态度去对待他。

最后，为孩子树立积极向上的价值观。

价值观引领一个人的所有行为，人在某些时候的不假思索而为之，就是受到了价值观的影响。未来孩子终归是要走进社会的，而社会中又拥有庞杂繁复的信息，孩子的是非分辨能力不强，但接受能力很强，尤其是对不美好的事物，大脑反倒更容易去主动接受，所以我们应该尽早主动进行干预，为孩子树立积极良好的价值观。

比如，经常与孩子进行沟通，为他分析其所经历的事情，可以列出不同行为结果，引导他进行筛选，为他讲解正向表现与负向表现的区别。同时，多对孩子进行道德方面的知识补充，加强其思想方面的培养，多加入一些积极正向的活动，比如公益活动，让孩子具备更多的正能量。

第四章

要相信孩子

——妈妈的爱，给孩子足够的信心与勇气

孩子的自信心有一个很主要的来源，那就是妈妈的爱。对于很多孩子来说，哪怕有再大的问题，但只要能确定妈妈的爱，能肯定妈妈对自己的信任，那么他就能更勇敢地去面对问题并努力解决问题。所以，信任孩子，给孩子足够的爱，便能给他足够的信心与勇气。

妈妈相信你能解决这个问题

——相信孩子的能力，他会生发出自信

妈妈的信任对于孩子来讲有一种神奇的魔力，只要确定能得到妈妈的信任，那么孩子就会变得自信起来。

一位年轻妈妈经历了这样一件事，这件事也许会成为这个观点很好的证明：

妈妈带着4岁半的女儿外出，途中女儿很想上厕所，但是不能在外面随地解决。妈妈看了看路两边，带女儿走到一家经常光顾的理发店，店中有厕所，妈妈便对女儿说："去吧，和叔叔说一声，借用一下厕所。"

女儿一开始很犹豫，不敢去，想让妈妈陪着一起去，但妈妈说："我相信你一定能自己解决，快去，我等你。"

女儿自己一步步走过去，回头看了妈妈好几次，每次都看到妈妈鼓励的笑脸，她在门口犹豫了一下，然后拉开门走了进去。

没一会儿，女儿飞快地跑向了妈妈，很骄傲地说："我上完厕所了。"妈妈问她："有没有好好跟叔叔说话，有没有表达谢意？"女儿很肯定地点头，表示自己都好好做到了。妈妈觉得女儿真棒，女儿也觉得自己原来可以这么勇敢。

对于年幼的孩子，妈妈的信任会让他产生自信，对自己的能力确信不疑。不只是年幼的孩子，如果我们对孩子的这种信任随着他的年龄增长而丝毫不减，始终确信他可以做到更多的事情，那么这就是对他自信心最好的巩固。

但是遗憾的是，当孩子慢慢长大时，有的妈妈开始了心口不一，尽管嘴上说"我相信你"，可内心却总是疑神疑鬼，比如，我们会在孩子关起门来学习的时候找借口进去，其实就是想要确认一下他是不是在学习。当孩子逐渐感受不到我们对他的信任时，他也会开始怀疑自我，到时候即便我们再怎么提醒他"你要相信自己"也都于事无补了。

所以究其根底，我们应该成为自始至终都信任孩子的那个关键性角色。

第一，确定并信任孩子的能力。

确定孩子能力的水平与范围，是我们首先要做的一件事。不同年龄、不同性别的孩子，可以做到的事情的范围是不同的，对一件事的完成程度也是不同的，我们一切都要以自己孩子自身的表现为主，不要高估也不要低估，知道他的能力范围和水平，也能帮助我们更好地判断在什么时候释放这种信任。

一旦确定了能力，我们就应该予以孩子百分百的信任，而不是心怀犹豫，如果总有担心在其中，那么孩子也会变得紧张、犹豫起来。

第二，越是困难与失败的时候越要能放手。

有的妈妈一开始可能是信任孩子的，但当发现他遇到困难了或者遭遇了失败，就会忍不住收回信任，并得出结论，"你果然是不行的"。这其实是我们对孩子的一个错误的期待，我们过多地看到了事情的结果如何，却忽略了这个过程中孩子自信心的培养。

越是这个时候我们越应放开手，让孩子自己去面对，并告诉他："我信任你的能力，我知道你一定能够通过自己的努力解决困难、跨越失败。"这样的信任才是全心全意的，才能让孩子放心接纳，并保证自己能全心全意地对待手头的事情。

第三，给孩子制造一些让他能验证自己能力的机会。

就如前面那位年轻的妈妈所做的，某些时候，我们也需要给孩子一些能验证自己能力的机会，他可能并不确定自己能不能做到，我们却可以通过前期的培养、练习，了解他能力的水平和范围，然后以此来决定要不要让他自己去努力。如果孩子能够经常有这样的机会，那么他会不断地得到磨炼，那些能力也将通过这一次次的磨炼变得越来越强。

第四，重视对孩子各方面能力的培养。

我们相信孩子的能力，但孩子是在不断成长的，所以我们也要让他的能力与他的成长相匹配。从个人道德素养到知识掌握，从动手能力到语言能力，从思考能力到解决问题的能力，各方面能力我们都应该考虑到，要让孩子尽量全面发展。而当孩子对能力运用得越来越熟练、表现得越来越自然时，他自然也就不会再担心害怕了。

妈妈，我害怕回答错了

——孩子，在教室里说错了没关系

很多孩子都不敢在教室里或者说课堂上说话，每当有这个机会，孩子们会不自觉地低下头、躲在前面同学的身后，或者故意掉个笔、低下身子去系鞋带，以此来躲过老师的点名。

导致这个现象出现的很大一方面原因是孩子的不自信，他不相信自己真的学会了那些知识，不相信自己能站起来大声且准确地回答出问题或者表达出想法，不相信自己会有完美的表现，但他无比相信一点，那就是"我会说错"。

这是一个很奇怪的想法，不是吗？对于不自信的孩子来说，这种心态却是常态。这种常态会影响孩子的学习，让他无法全身心投入，让他的学习态度也开始发生变化。害怕说错的孩子，其实只需要一点点勇气，他需要更自信一点。此时，我们不如提醒他，"孩子，在教室里说错了也没关系"。

首先，让孩子知道教室是一个自由学习的地方。

教室并不是"禁止说话"的牢笼，恰恰相反，孩子在这里可以自由学习，也可以自由表达自己的想法。但是很多孩子并不这么想，他们认为教室里有老师，老师有威严，所以不能随便说话，老师提问的时候又是在众目睽睽之下，他如果回答错了，就可能会被众人嘲笑，也会被老师批评。

我们需要扭转孩子的这种认知，要让他改变对教室的看法，教室原本就是让他自由学习的地方，是允许他一次次练习自我表达的地方，说对了是进步，但说错了更是成长，这是一个可以给他带来希望的地方。

其次，教孩子学会"想好了再说"。

当孩子理解了教室是一个怎样的地方之后，我们还要教孩子学会"想好了再说"。现在很多孩子总是不假思索地开口，看似是能自由表达了，但也正因为所说的话没经过思考，就显得那些话漏洞百出或者很让人不喜欢，而也正是这样的一些话语内容，才容易引发他人的反感。

即便是可以自由表达，但也要表达得有礼且有理，这样一来哪怕是说错了，也不会因此而惹恼他人或受到他人的恶意嘲笑。此时，礼貌用语、委婉表达的方式、适当加入"我觉得""我认为"这样的带有个人特点而不是强加于人的说法，会让孩子的表达更为悦耳一些。

再次，引导孩子正确应对说错的情况。

这种正确应对包括两个方面，一方面是孩子自己说错了的情况，另一方面则是别人说错了的情况。

当孩子自己说错时，他会觉得窘迫，这是人的自然反应，而他要关注的应该是自己错在哪里了，然后学会正确地纠正错误，让自己在下次再遇到这种情况时不要说错就好了。孩子可能还会担心自己在课堂出糗后，同学们会对他与平时不一样。其实事情远没有他想象的那么复杂，到了下课时间，该来叫他玩的同学还会过来，该来请教问题的同学也不会疏远，只不过是课堂说错了而已，一切都没有太大的变化，所以孩子完全可以轻松应对。

当别人说错时，就涉及礼貌问题了。礼貌是相互的，孩子们彼此之间也是平等的，所以孩子应该尊重不同的声音，尊重他人经过思考之后的表达，只有尊重才能换来尊重。而当大家都能如此做的时候，课堂上说错也将成为一件没有必要难过的事情。而且，通过别人的说法，孩子也可以有所参考，顺着对方的思路去思考，想象别人为什么要这样说，这无疑对他自己也是一种启发与学习。

最后，告诉孩子老师对他的看法。

事实上，很多孩子之所以不敢在课堂上表达、害怕说错，与老师的态度不无关系。相信我们中的很多人也能回忆起自己小时候的老师，在课堂上有着怎样的威严。但实际上，老师是乐于接纳同学们的畅所欲言的，老师也鼓励大家发表不同的意见，愿意听到大家询问不同的问题。

我们可以通过自己的亲身经历，告诉孩子老师真正的想法，并继续让孩子礼貌表达，尤其是对老师更要有礼貌，要有尊重之心，然后才是他自由的表达。

我家的孩子就是胆子小

——不要给孩子贴各种负面的"标签"

你能确定自己的孩子是真的胆小吗？

如果从妈妈的角度来看，可能会有一大部分妈妈给出肯定的答案，孩子不敢在众人面前开口，遇到陌生人就躲一下，对陌生情况选择逃避……这一切的表现不是胆小又是什么？所以很多妈妈的口头中总会有一句出现频率相当高的话——"我家的孩子就是胆子小"。

但若是换个角度，从孩子的角度来看，可能就不一样了。有一部分孩子是不确定自己是不是胆小的，因为妈妈说他胆小，所以他选择遵从妈妈的"指示"，胆小下去；有一部分孩子则可能是性格所致，知道自己是有能力的，但怕麻烦或者需要时间适应，又或者是想要选择合适的时机再表现自己，结果却都被心急的妈妈直接贴了"标签"。

我们知道，标签这个东西对孩子的影响相当大，除了胆小，我们还可能会给孩子贴上各种其他的标签，相信绝大多数孩子身上都贴着不止一个标签，这些标签反倒让孩子越长越"歪"。所以是时候撕掉标签了，让孩子能自由释放天性。

第一，承认孩子有问题，但不给他定性。

孩子可能的确在某些方面有问题，然而如果我们在一开始就给孩子贴了标签，就意味着我们给他定了性。这是很武断的做法，因为孩子原本就是在不断地出现问题、解决问题的过程中成长的。

所以当孩子出现问题时，比如他胆小、不信任自己，那么我们应该接纳他的这个问题，想办法去帮他解决，而不要直接就认为他一定是一个胆小的人。勇气是可以培养的，再胆小的人也能通过某些锻炼而变得坚强起来，我们也要对孩子有信心。

第二，尊重孩子自身的性格发展，不带指责地去引导。

有的孩子天生性格内向，这是他与生自来的东西，如果我们直接用标签来否定他，就相当于否定了他整个人，对于孩子来说，这种否定是可怕的，他会变得更加自卑、更加没有自信。

所以即便孩子天性胆小，指责也绝不会帮他有任何改变，最好的做法是合理的引导，在尊重孩子本性的前提下，帮助他一点点接触外界，引导他一点点打开心扉，给他创造更多的与周围接触的机会，让他能参与更多的练习，从而让他的性格发生积极的改变。

第三，通过孩子胆小的表现，增加他的生活经历。

怕黑、怕虫子、怕打雷、怕噪声，自己的东西被抢了就哭，被冤枉、欺负了也哭……孩子们胆小的表现可谓多种多样，但如果仅凭借他的这些表现就直接给他贴个负面标签，那也太冤枉孩子了，其实他可能不过是因为经历得少，不知道应该怎么去应对。而哭是一种本能，当不知道怎么应对的时候，只能将自己交给本能。

既然经历得少，那就增加孩子的生活经历，当他的头脑中吸收了大量的知识、常识，当他知道遇到不同的事情可以有怎样的思路去解决时，他自然也就不那么害怕了。其实人正是因为无知才会恐惧，让孩子尽量知道得多一点、经历得多一点，有了丰富的生活经历，他再应对起生活米才能游刃有余。

第四，控制好自己的情绪，避免标签"脱手"。

孩子身上的很多标签，并非是我们有意识地放上去的，更多的是我们在一时心急、一时不知道怎么解释当下的情况、一时无奈等情况之下，才给孩子贴上的。然而，话已出口、覆水难收，标签也就在孩子身上打下了烙印。

所以要拒绝给孩子贴标签，我们自己也应该下一番功夫，学会控制情绪，理解孩子成长的不顺利，接纳他的不完美，多用积极的心态去看待孩子，多看到他身上的好，以减少我们"一时不察"而错从口出。

孩子，这件事你是怎么想的呢?

——遇事可征求孩子的意见，并适度采纳

孩子能够自由思考、自由表达，且能左右事情的发展，就相当于获得了足够的主动权。若是能经常有这样的经历，孩子也会被锻炼得自信起来，因为他会意识到自己能够在某些事情中发挥出重要作用，这种被重视的感觉正是他自信的来源。

所以，如果孩子缺少自信心，有一个效果很不错的方法，那就是放开孩子的参与权。虽然我们不能左右孩子在其他活动上的参与权，但至少家庭事务处理参与权，我们还是有开放权利的。简单来说，就是每当家里遇到一件事，不管大事小事，都要允许孩子以家庭成员的正式身份参与其中，征求他的意见，允许他表达自己的看法，如果他说得有道理，直接采纳，增加他的参与感与荣誉感。从自己家庭中获得这样的肯定，尤其是经历"妈妈凡事都会来询问我"的情况，相信孩子内心也会变得更强大。

那具体应该怎么操作呢?

第一，努力创造一种常态，而非偶尔才问孩子一次。

有些妈妈并不习惯主动询问孩子，可能学了这个方法之后，偶尔想起来才会问孩子一次，不能成常态，孩子就不会有参与感，也就无法从妈妈这里获得自信。

我们需要努力创造一种常态，慢慢让孩子有参与家庭事件讨论的意识，并逐渐增加孩子参与的次数，直到我们和孩子都形成一种习惯，我们要意识到"作为家庭成员，孩子有责任参与其中"，孩子则要意识到"作为家庭成员，我也可以发表自己的看法"。这会让孩子通过一次次的表达，逐渐意识到自己的重要性。与此同时，也增加了孩子的自信心。

第二，把握征询孩子意见的技巧，巧妙提问，理智采纳。

有的妈妈会考虑什么事可以和孩子说、什么事不能和孩子说，其实重点是要看我们怎么看待那件事以及自己怎么说。不管那件事多么复杂，总能用几句话来简单描述，或者说有些事虽然牵涉很广，但也总有一部分内容是可以公开讨论的。

在征询孩子意见的时候，也会考验我们的征询技巧，用最简洁的话语讲述一个可以为孩子所理解的事实，然后询问他的意见就好。而对于孩子的意见，我们也要看得自然一点，合理就采纳，不合理也可以放弃，怎么对待家里其他成员的意见，就怎么对待孩子的意见。

第三，允许孩子意见不同、说错或者异想天开。

孩子并不会一下子成熟起来，所以从一开始我们就要做好心理准备，因为他的意见多半会与我们存在差异，也会说得完全没有道理，还可能只是他的理想化状态。

如果孩子意见不同，就好好听听他的思路出发点在哪里，他的意图又是什么，没准儿就是一个我们所没想到的思路；如果他说错了，提醒他哪里出了问题，帮助他学会正确思考；如果他在异想天开，那就先告诉他现实情况是怎样的，但不要否定他的这些奇异想法，毕竟未来是不可确定的。

第四，一旦采纳，就要真的按照孩子所说的去做。

采纳孩子所提的意见，对于有些妈妈来说比较难，她会觉得小孩子说话都是不靠谱的，听孩子的显得自己没有威严。这其实还是我们没有把孩子当成一个独立的人来看，我们对他不信任，又怎么能培养他的自信心？

应该公平一些去思考孩子的意见，发现了好方法，对于解决问题有利，那就采纳，并认真去做，让孩子感受到我们对他意见的重视，他的自信心才会更强。

我是妈妈，就得听我的！

——打住，不要再做"专制型"妈妈

有这样一种情况：孩子没有自信，并不是他自己不需要自信，而是妈妈的某些做法导致他只能"不需要自信"。这样的妈妈往往都表现得相当专制，一旦自己决定了的事情，就不允许孩子反驳，久而久之，孩子的意见被忽略，要做什么、想表达什么都不能听由自己的内心，孩子的自信心就这样被妈妈的强势遮掩掉了。

有一个11岁的孩子这样抱怨：

我不明白为什么我必须按照妈妈所说的去做，我不喜欢被当成"犯人"一样管着。妈妈决定我能不能做一件事，她甚至决定我是不是能成功。我不想学弹琴，她说："你是我生的，自然我说了算。如果你不听我的，以后什么都不用和我说了。"我不想去考级，她说："我说你行，你就必须给我考。如果没有考过，以后一切免谈。"

我觉得我一直在被她逼迫，一直都要按照她安排的节奏走。我不喜欢这样的生活，我想告诉她："这是我的人生，不是你的。"但我又怕真的触怒了她。我现在已经对做事情提不起兴趣了，反正一切都有她。

这样的妈妈就是"专制型"妈妈，对着孩子强势，会让孩子内心反感，并使其形成依赖的习惯，最终可能导致孩子性格的扭曲。

虽然我们是妈妈，但孩子不一定非要听我们的，他是一个独立的人，我们要给他足够的空间让他感受到这份独立，而只有能独立的孩子，才有可能生出足够的自信。

首先，尝试改变自己专制的习惯。

可以先试试看，如果自己给孩子自由，信任他的能力，他会有怎样的表现。比如，以前总是约束孩子回家必须立刻写作业，现在转换一下，不做强制性要求，也许你会发现，孩子一开始会很放纵，可很快他也会意识到，如果自己不写作业那就写不完了，没准儿就会自己主动去写了。

当妈妈不那么专制时，孩子就有了能够思考的余地，而且随着孩子的成长，他内心也已经意识到什么事情该做、什么事情不该做，所以只要我们对他有信任，他多半都能做好。

一旦尝试过后发现孩子还能表现得不错，那就可以将这种尝试变成习惯，也就是慢慢改变我们自己的习惯，将更多的权利放归到孩子自己手中。

其次，换一种方式表达爱。

专制的妈妈认为自己这样的表现是爱孩子，但实际上孩子只会觉得妈妈管他真太紧，什么都要听从妈妈的话，什么都不能自己决定，一切都只能由妈妈来安排。孩子越大越想要追求独立，专制的爱反而可能会引发他的恨。

我们应该轻松一点，别动辄就说"我是妈妈，你就得听我的"这一类的话，给孩子一些空间，给我们自己一些放松的时间。和言细语的沟通、经常性的笑容，这些也是爱的表达；对孩子的积极肯定、对他错误的包容，这同样是爱的表达。只要正确地传递了正确的爱，孩子自然会从中感受到妈妈的支持，他也就能生出足够的自我肯定感。

最后，学会自我宽心与放手。

专制的妈妈需要扭转的是专制心理，要学会自我宽心，要意识到孩子的成长没有我们所预想的那么糟糕。他的人生总要自己走完，我们干涉得太多，会让他缺少足够的应对生活的经验，孩子要自己去努力，哪怕是错了、错过了也没关系，这是他不可多得的宝贵经验，也是他日后生活、成长的助力。

我们不可能代替孩子成长，越早承认他的独立，越早放弃我们的专制心理，孩子越能自由呼吸，就如生长在野外的植物，没有花房的高度限制，它们将会尽全力向天空尽情生长，并尽自己最大的努力绽放。

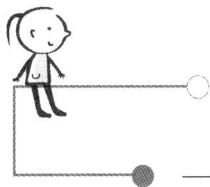

妈妈，请别监视我好吗？

——孩子做事，妈妈不要做"警察"和"直升机"

有了孩子以后，很多妈妈会产生一种身份的变化，自己不仅是妈妈，还变身成了其他角色。

比如，有的妈妈变成了警察，怀疑孩子的一切，不相信他自己一个人独处时的任何行为，总觉得只有把他放在自己可监控的范围之内，能够明了他的一切言行举动才能放心。如果抓住了孩子果然如自己所想没有好好学习或做应该做的事情，妈妈就跟警察破了案一样，颇有正义感，并觉得自己像神探一般。

还比如，有的妈妈成了"直升机妈妈"，就像直升机一样时刻盘旋在孩子头顶上空，密切监视孩子的一举一动，生活上过度操心，学习上过度干预，人身安全方面也过度关注，就连孩子的吃喝拉撒都要过度保护，而且这种"直升机式"的保护甚至与年龄无关，很多成年人哪怕是找工作应聘面试，都会有妈妈保驾护航，甚至还有代替孩子去面试的妈妈出现。

如果始终处在被监视之中，人将会处于一种心理紧张的状态，头脑中总要分出一丝精力去注意自己周遭的环境，而对孩子来讲，因为监控者是妈妈，他会更关注妈妈的态度，更在意妈妈的反应，这无疑会让他越来越不信任自己的判断和决定，妈妈看似是在严密保护，却在无形中破坏了孩子对自我的信任。

孩子并不喜欢被监视，我们也要努力改掉自己这种疑心的习惯，那么可以怎么做呢？

首先，定好规矩，直到孩子养成好习惯。

提前规划好原则，为孩子的成长订立合适的规矩，让他按照规矩去执行，并逐渐养成好习惯，让好的行为固定到他的生活之中，使他从一开始就能走一条正道，那么我们还有什么可担心的呢？

这时我们应该注意的关键就是定的规矩是否合理，也就是说，我们完全可以将那股子想要通过监视来纠正孩子问题的心思放到定规矩上来，相信以我们这种正向的心理应该会有更多更准确的规矩定出来。当孩子开始被规矩引领上正轨，监视自然也就失去了意义，我们也就可以放手了。

其次，倾听孩子的想法，了解他的内心需求。

之所以要监视，有一个重要的原因是我们对孩子的不了解。有的妈妈从来没想过要去了解孩子，习惯了擅自理解与决定，习惯于用自己的思维去考虑。如此一来，妈妈自然会对孩子产生误解，带着自以为是的想法去监视孩子，孩子感觉紧张，我们自己也累。

平时最好多和孩子聊一聊，这不仅是给孩子一个尽情表达的机会，最重要的是要通过他的表达去了解他的想法，并从中找到他所要需求的事物，然后或解答他的问题、或满足他的需求，这样才能做到双方都满意。

再次，收起监视网络，还孩子一个轻松的生活空间。

每一个警察或者"直升机式"的妈妈，都会在孩子身边布置一个庞大的监视网络，家里的所有人都是妈妈的眼线，孩子的同学也是通风报信的最佳人选，老师更是妈妈最大的监控助力，甚至就连孩子网络上的虚拟朋友，都可能会被妈妈的三言两语操控起来，成为监视孩子的编外人员。

可是孩子哪里就用得着如此紧密的监视了？信任他才能让他更放松，他才能更自然地表现出真实的自己，所以撤回我们自以为管用的监视网络吧，还孩子一个轻松的生活空间，就是对孩子最大的信任。

最后，学会享受孩子所带来的惊喜。

其实"警察式"或"直升机式"的心理的根源是我们太过于在意孩子，不能放过任何一点一滴与孩子有关的内容。可如果不再监控孩子，而是愿意接纳他没有呈现出来的神秘，等到他有好的表现时，给予鼓励和赞扬这无疑就是一份惊喜。这样的惊喜难道不值得我们等待吗？我们要学会享受这样的惊喜，而孩子也将乐于为我们奉上更多的惊喜，当他自己能做到越来越多的事，能在我们掌控之外表现得越来越好时，他的自信心也就不用我们再担心了。

哼，整天就这么没出息！

——越吼叫、呵斥他"没出息"，他就越没出息

对于不自信的孩子，很多妈妈总会脱口而出，"你怎么这么没出息"。也许我们当时想要表达的意思是，"这并不值得害怕，这点小事你就已经不自信了，这很不好"。的确很多妈妈之所以这样说无非就是表达一下自己当时的心情，可是说者无心，听者有意，孩子对这种评价会相当在意，妈妈一句"没出息"其实就是对孩子的一种评价，孩子会依据妈妈的评价来审视自身，就如前面提到的标签一样，孩子会"顺势而为"，如果妈妈这样说了，那么孩子内心就会"坐实"这种认知——我果然就是没出息的。

"没出息"对于孩子来说是一个形容词，用来形容他当下的状态，孩子会明白自己这样子表现是没出息的，妈妈却并没有好好地向孩子展现怎样是有出息的表现，而且"没出息"可能包含范围太广，即便是孩子好的表现，也可能会被他理解成"没出息的表现"。当孩子没法获得肯定，也得不到最新提示的时候，他又怎么可能会有好的表现呢？自然是越来越没自信，越来越没出息了。再加上有的妈妈是吼叫着以训斥的口气来说出这句话的，这更会让孩子觉得自己的确犯了"大错"，他的自信心就会迅速消退。

然而所有的孩子都有"出息"的可能，我们不能从自己这里人为地截断他的出路，那么我们可以怎么做呢？

首先，不要以自己的标准来对孩子抱有过高的期待。

孩子并不知道"没出息"是什么样子的，或者说我们其实压根儿都没有透露过"有出息"到底应该怎样表现。但是每当孩子的表现让我们感觉不喜欢的时候，我们就会说他"没出息"，这不过是因为我们自己在内心画定了一条期待线，如果孩子没有达到这个线之上，让我们的期待落空了，他也就"没出息"了。

孩子就是要自由成长的，可我们非得给他画一条所谓的标准线，他没做到，我们还生气，这是多么不讲道理的事情。孩子的成长自有其规律，我们要做的是引导，而不是盲目拔高，所以当我们不给他过高的期待时，他也会松一口气，没准儿还会有超常发挥。

其次，顾好孩子眼前的表现。

骂孩子没出息的妈妈，总是想得太远，眼里看不到孩子当下的种种表现，想让他一步登天，到头来当然是孩子不管做什么都不能令妈妈感到满意。

我们应该把目光放回到眼前，孩子未来是不是真的有出息，关键还要看他当下学得怎么样、做得怎么样，所以与其担忧未来，还不如脚踏实地一些，要看得到孩子为了他的成长都做了怎样的努力，一点点帮他规划，允许他一步步、稳健地向前走，这样才能让孩子积累起足够的成长资本，变得自信起来，并愿意为了自己的未来而努力。

最后，不要对孩子吼叫、呵斥。

你在任何情况下的吼叫、呵斥，其实都不是在震慑孩子，反而只代表一个事实，那就是你无计可施了，你吼叫着孩子"没出息"，除了让孩子内心受伤，还会让你自己感到更加烦躁，因为没有办法可以让你一瞬间就扭转这种想法。

孩子的任何表现都是他自己的人生经历，作为成年人，我们原本是可以用更成熟的思维去思考他这些经历的，帮他分析，然后归结好的、摒弃坏的。有这么多事可以做，我们为什么非要纠结于吼叫？我们如果能长久地保持内心平静，相信也就能更快找到问题、解决问题。所以只要停止吼叫，我们对孩子的教育应该就会进入一个良性循环之中。

第五章

帮孩子建立自信的思维

——给孩子插上自信的翅膀

自信本身就是一种心理表现，需要人自己在头脑中去构建相信自我的思维，然后充满勇气地去面对一切。孩子的思维成长迅速却也同样复杂多变，如果一不小心钻了牛角尖，他也会失去自信，所以我们要帮助他建立起自信的思维，让他能拥有发自心底的自信。

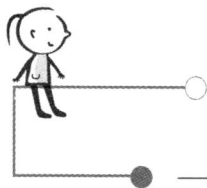

我还是有点怀疑自己

——教孩子远离自我怀疑，不以消极方式关注自己

在成年人当中有这样一种奇怪的症状，名为"冒充者综合征"，又可以称为"自我能力否定倾向"，其具体表现就是：按照客观标准来评价的话，一个人已经取得了成功或者有了成就，但是他本人却否定这个结果，他认为自己并没有这个能力，是在欺骗他人，并且害怕他人发现自己这种行为。

其实，这种消极的症状并非只出现在成年人身上，很多孩子也会如此。比如还没去做事，就先怀疑自己能力不足；已经做完了的事情，则直接笃定"我一定会失败"；如果出了结果，好的结果会让他松一口气，可他还是放心不下，若是坏的结果则可能直接让他印证自己的怀疑，并就此更加怀疑自己的能力。

总是怀疑自己的孩子，当然不会有自信心去做各种事，甚至可能都没有自信心去接纳那些让他施展能力的机会。面对这种无益于孩子成长的心理变化，我们应该及时出手，教孩子远离自我怀疑，让他更积极地关注自我。

第一，不用过多的条件去限制孩子。

在养育孩子的过程中，很多妈妈会不自觉地加入各种条件，一个最常用的句子就是"你要好好表现，我就喜欢你"。结果孩子因此意识到，"如果我一无是处，表现得不好，那就得不到任何人的爱"。这是一个可怕的设想，孩子将可能无时无刻不处在一种戒备之中，他会时常担忧自己是不是做好了，怀疑自我的心理会越来越强盛。

所以从这方面来看，若想要减少孩子的自我怀疑，我们首先要给他取消那些限定条件，要让孩子意识到，不管自己表现如何，妈妈会始终爱他，这会让他放松下来，逐渐不再怀疑自己表现不好就会被抛弃。

第二，允许孩子体会伤痛，释放消极能量。

很多时候我们总会限定孩子表达自己的消极情绪，结果会对孩子说"你已经长大了，不能像小宝宝那样哭泣"，对男孩子会说"你是个男孩子，怎么可以这么不坚强呢"。孩子的消极情绪如果总被压制，那么这种情绪会导致他的生理发生化学反应，使得他内心的负能量越发强盛。

所以不要给孩子加入这么多的限定，以免他因为这样的逼迫而放弃这种良好的、自我痊愈的机会。孩子有时候需要哭一会儿，释放出负面情绪，让自己恢复平静，只有这样，他才可能有正常的情感成长，才不会刻意压抑，才不会怀疑自我。

第三，多给孩子"试一试"的机会。

怀疑自我的孩子会主动放弃很多机会，他不愿意去尝试，因为他认为自己即便试了也会失败，并表现得很固执。

路过一家自行车专卖店，看到门口摆放有儿童自行车，妈妈便想让孩子去试骑一下，如果有合适的就买。孩子最开始坚决地说"我不去"，并反复强调"我一定会摔下来的"。后来在妈妈和店员的劝说之下，孩子才松了口。尝试过后，孩子对一款自行车爱不释手，且他发现自己竟然没有想象中的那么害怕。最终，孩子愉快地推着新车和妈妈一起回家了。

孩子的人生原本就充满各种"试一试"的机会，如果尝试了，他不仅可以检验自己的能力，也没准儿会有意外的收获。

所以我们要让孩子抓住这些可尝试的机会，即便他固执，我们也要坚持一下，多加鼓励、支持与肯定。而孩子一旦有过一次体验，他就会有了经验，那么他就能通过这一次经验来判断这种行为对他的影响。孩子能尝试的机会越多，他对自己的能力也就越了解，也许就会越发自信起来。

第四，告诉孩子，"妈妈始终相信你"。

事实上，自我怀疑的孩子其内心也是恐慌的，他其实很需要妈妈的包容与肯定。让孩子知道妈妈对他的信任，会多少消除一些他内心的不安，

可能还会让他感到一丝安定，并对自己稍微恢复一些信心。当然我们的信任一定是实打实的信任，而不是为了糊弄他说的假话，肯定他已经具备的能力、认可他之前取得的成绩，在这样的基础上为他分析当下的情况，表达我们的信任，并鼓励他自信起来，这样的过程也许会让孩子能更放心地相信自己。

孩子好像有心事，怎么询问呢？

——通过"问"来理顺孩子混乱的心

成年人总把孩子想得过于简单，比如有的妈妈会说："小孩子懂什么？哪儿那么多心思？"但实际上，孩子不仅懂得很多事，也的确是有很多心思的，不然，为什么有的孩子会因为一点小事就闷闷不乐？为什么有的孩子会大声反驳你对他行为的判断？

其实孩子的内心只不过是看上去简单罢了，因为他接触的事少，人生经历少，所以他的心思是单纯的，可是他是一个随时都在吸收学习的高能学习体，他对事物的理解、认知以及他所学到的原则、道理，会让他在自己的头脑中形成独属于自己的分析思维。

有种种想法的孩子表面上看是一种心灵上的成长，然而实际上，孩子的很多想法会因为他涉世未深而变成了胡思乱想，这些想法在他的头脑中乱成一团，怀疑、压抑、不解、担忧等情绪自然也就在他内心乱窜了。这样的孩子，自己都一团乱了，又怎么可能生出自信和精力去处理其他事情呢？

所以越是这个时候，就越需要我们来帮助他走出内心的混乱状态。

那么具体怎么办？答案很简单，那就是询问，只不过这个"询问"要问得有智慧才行。

首先，一定要先注意到孩子的情绪。

一般有心事的孩子情绪都不会好，有的孩子会愤怒，有的孩子会沉闷，有的孩子还可能会伤心不已。如果我们没有先安抚孩子的情绪，那么他的全部注意力都会放在应对情绪之上，自然也就不会注意我们的询问，当然也不会好好地回答了。

所以若是通过察言观色来判断孩子的心事，就要先应对他的情绪，安抚了情绪，等他能平静下来，可以正常思考的时候，再去询问，只有这样才可能获得真正的答案。

其次，从当下开始反向问起。

孩子可能会遇到很多事，也许他的问题并不是一件事导致的，但是一下子问那么多、那么远，孩子会因为情绪影响而无法表述完全，所以一个最简单直接的方法就是从当下开始问起。比如，问孩子"你刚才为什么哭"，他可能会告诉你他哭的原因，像是"被老师批评了""上课没回答出问题来"等，然后再去问"老师为什么批评""你知道问题的答案吗"之类的问题，接下来根据孩子的回答引出再之前的问题，也就是借助当下反推孩子心中的所有事，帮助他把导致情绪失控的所有源头都找到，然后理顺，让他内心不再被这些烦乱的内容搅得心神不宁。

再次，注意孩子的"反感点"。

有些妈妈喜欢刨根问底，就像审讯一样，想要让孩子一五一十地交代，一点不能隐瞒，但孩子也会有不想说的时候，被反复追问会让孩子毫无安全感，他会更加想要把自己藏起来，反而并不利于他自信心的培养。

在询问过程中，有的问题孩子可能会拒绝回答。对于他不想详细说的内容，我们是可以从他的回答方式上有所察觉的。如果孩子不开口，或者含糊其词，或者忽然转移了话题，我们要有这样的意识，那就是孩子可能已经开始反感这些问题了。我们应该尊重他的谈论自由，除非是一些原则性的问题或者已经造成严重后果的问题，否则没必要刨根问底，给孩子留足充分的时间，日后等他想说的时候再说，或者等他主动开口。

最后，不要把孩子的心事变成自己的心事。

曾经有孩子这样说："我不喜欢妈妈问我有什么心事，因为如果我告诉了她，她反而睡不着觉了，然后她还会在第二天说我'为你这点破事儿，我一宿一宿地睡不着觉，你再不好好学习，对得起谁'。我觉得这样太累了，我宁愿自己憋着，也不想这样，我多想妈妈只是单纯地帮我解决心事，而不是通过这样的方式给我和她都增加更多的烦恼。"

这其实考验的是我们自己的智慧，询问孩子的心事，是为了帮他厘清思绪，让他能不再受到心事困扰，从而自信起来，而非把我们自己也搞得焦头烂额、烦躁不安。我们不能将"给孩子帮忙"这样一件好事，变成"给双方添堵"的坏事。即便真是孩子出了问题，我们现在所做的也应该是解决问题，而非针对这个结果唉声叹气、烦躁不已。

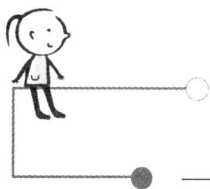

孩子，10 年后你会是什么样？

——教孩子切实地、一步步向理想的自己前进

孩子对未来都是有期待和憧憬的，哪怕是不自信，他们也会在内心构建出一个存在于未来的理想的自己。有的妈妈觉得孩子在异想天开，其实不然，这恰恰是我们教育孩子的一个好时机。

因为有了理想，就相当于有了奋斗的目标，如果能够通过目标的刺激，让孩子切实地、一步步向理想中的自己迈进，那也不失为一种好的激励方法。这个方法对于自信的孩子可能会很容易展开，理想就在前方，不管是受到鼓励还是受到帮助，自信的孩子都能为了理想而奋斗。缺少自信的孩子，却可能只对这个目标产生仰望的心理，就好像在欣赏挂在墙上的一幅画，会羡慕、会渴望，却不敢前行，也不知道应该如何前行。

对于我们来讲，既然有了如此好的教育机会，就不要轻易错过，借助理想来引导孩子，培养孩子的自信心，其实也是个不错的方法。

首先，引导孩子正确地思考未来。

还是那句话，每个孩子都会对自己的未来有幻想，只不过有的孩子的想法更贴近实际，比如他想成为医生、想去演个电影、想要做个探险家；有的孩子的想法可能天马行空，又或者并没有实际的参考意义，比如他希望能变成一只鸟、想要在以后成为一个机器人等。

此时就需要我们去引导孩子，让他去好好思考，让他对自己的未来有一个基本的规划，可以用"你觉得 10 年之后的自己是什么样的""20 年之后的自己是什么样的"这样的问题，来引导他展开想象，在适当的时候给他一些提示点拨，帮助他确立一个可以通过努力而实现的理想。这个理想不能太过遥远、宏大，否则对于没有自信的孩子来说，就无异于异想天开，要能让他感受得到是可实现的事情，并告诉他经过怎样的努力可以实现，以让他内心有踏实感。

其次，告诉孩子任何努力都是有价值的。

没有自信的孩子对自己的努力总是抱有一种悲观的态度，他不信任自己，所以也就不相信通过自己的努力可以实现什么目标。既然孩子自己看不到，那就由我们来为他解读好了。我们可以把他为理想而做的努力列出来，让他看到自己都曾经做过什么事，并向他展示这些努力与他的理想之间都有哪些联系，告诉他经历过这些努力他都收获了什么，然后引导他去感受这些收获给他带来的改变。

通过这一系类的引导，让孩子意识到任何努力都是有价值的，哪怕是

培养自己良好的作息、坚持早睡早起，这都是为了有一个好身体而做的努力，只有有了好身体，他才能做得更多。这样的努力成果是他能感受或者能看到的，也许会唤起孩子的成就感，让他对自己更有信心一些。

最后，给孩子讲讲"世上无难事，只怕有心人"。

一直努力并不容易，困难随处可见，障碍比比皆是，前路更是遍布荆棘。这些对于没有自信的孩子来说，无疑都是让他退缩的存在。所以这时最需要我们给他讲解"世上无难事，只怕有心人"的道理，我们要鼓励他勇敢地迈出每一步，因为他每前进一步都意味着离自己的理想更近一步。

我们可以给孩子把困难拆解开来去分析，但要注意的是，仅仅是分析，也就是帮他正确看待困难，而非我们伸出援手直接帮忙，孩子自己经历得越多，才越有助于其人生经验的积累，而他将凭借自己的这些资本变得越来越自信。

雪化了，就是春天啊!

——不束缚孩子的想法，保护他的想象力

孩子原本都拥有令人惊讶的想象力，他们眼中的世界要比成年人眼中的世界有趣得多。但是随着成长，很多孩子开始主动束缚自我，不敢再想，或者说没有自信去想，毕竟一旦想得多了，其结果可能并不那么美妙。

雪化了是什么? 孩子回答是"春天"，老师批改卷子打了"×"，因为正确答案是"水"。妈妈便提醒孩子，要把正确答案背过，否则考试的时候不会得分。孩子不得不放弃自己原本的想象，转而乖乖记住别人讲过的、告诉他的答案。而一旦习惯了这种接纳知识的方式，孩子便会日渐放弃自己的主动想象力。

这正是很多孩子想象力逐渐枯竭的原因，同时也是孩子变得胆小而不敢想的原因。孩子的思想被束缚了，不敢相信自己的想法是正确的，他宁愿选择更保守的甚至是死板的、大家都熟知的、永远不会出错的想法去表述，以保证自己不会出问题。

没有想象力的孩子，生活将会变得多么枯燥，人生也将变得没有趣味，已经定型的文字内容或者图画内容，对于孩子来说无异于是复制，但他的生活需要的是创造，是他凭借自己的头脑尽情想象，只要他能放开自己的思想，自信也会随之而来。

所以，不妨试着这样做：

第一，引导孩子接触多方面的知识。

知识是孩子想象的源泉，同时也是帮助孩子变通的重要因素。雪化了是什么，从物理学角度来说是水，从自然学角度来说是春天，从生命学角度来说是新生，从心理学角度来说是温暖，不同的答案其实意味着不同类型的知识，也意味着不同角度的思考。

如果孩子拥有更广阔的知识储备，那么他想象的角度会更多，即便他的答案与众人不同，他也能意识到自己并非犯错，而只是观点不一样，这显然对于平衡孩子因为答案的不同而被判错的心理失衡是有效果的。

更何况，学得越多，懂得越多，孩子的涵养也会越来越好，想象也会越发趋于合理，他也就不会只因为与众不同或者被人指责，而陷入悲伤愤怒，反而能通过自己丰富的思想，轻松转换看问题的角度，让自己也顺势而为，变得轻松起来。

第二，接纳孩子所想象的内容。

孩子想象出来的东西，多半都是非现实的，至少短期内不可能实现，又或者是压根儿就是异想天开，有的妈妈对这样的想象内容会表现出拒绝。

妈妈越是不接纳，孩子对自己越是容易产生怀疑，表面上看是他的想法在一点点被约束住，可实际上可能是他那种大胆开放的思维方式受到了束缚，同时自信心也被束缚。不管孩子想了什么，妈妈最好的应对态度就是接纳，孩子说"妈妈，我觉得，我想到"，那妈妈完全可以直接回应："这样啊，为什么这么想? 然后呢? 还能怎么办? "

我们可以自然地接下孩子想象的话头，顺着他的想象去询问、去讨论，不反驳、不批评，就像是一段自然的聊天一样，只要孩子不感到被排斥，他便会愿意想象。

第三，帮孩子在想象与现实中搭一座桥。

想象值得肯定，但同时，也不能任由孩子的想象在天上无边无际地飞，任何想象都只有与现实挂钩，才能促进孩子的想象灵活起来，才不会因为太过于浮夸而变得毫无意义。比如，孩子想象自己未来能飞，与其放任他去这么异想天开，还不如引导他思考，他可以借助怎样的工具或行为可以飞上天空。

事实上，当孩子发现他的想象能与现实有关联，且是可以实现的，那么他会更愿意去为了这份想象努力，这时想象可能就会变成他的理想，反而更能增加他的自信心。

哈哈，蓝色的太阳，会飞的猪！

——让创新开创出孩子的一片新天地

在现代社会，创新能力成为各个国家发展的关键所在，而对于每个人来说，不断创新的能力也将使个人的发展拥有更多的可能性。孩子拥有丰富的想象力，这是他们创新的一大优势。当孩子能够通过不断创新来打开自己的世界时，他的视野会更为宽广，而能力的增强也将让他变得更有责任心，可以独当一面的表现自然会给他带来更多的自信。

有的人对"创新"有误解，认为这是个相当"高大上"的行为，普通的孩子去创新会有些难。其实创新就是创造求新，只要与原有事物相比有改进、有提升就好了。举个简单的例子，以前我们需要借助凳子或者长杆挑着衣服挂到高处的晾衣竿上去，但现在有了"升降晾衣架"，把不能动的晾衣竿变成了能调整高度的升降状态，方便了使用，这就是创新。

对于拥有活跃思维的孩子来说，创新其实并不难，只要孩子有心，只要我们引导得好，就能让孩子发挥主动性把他的生活及周围人的生活，甚至是整个社会的生活变得更加美好。

首先，给孩子积累生活经验的机会。

创新来自什么？当然是生活。孩子要先有生活经历，然后才有创新的可能。所以我们不能一边鼓励孩子创新，一边却总是过分干涉他的生活，要放手，给他积累生活经验的机会，从打理自己的吃喝穿用，到帮助家里做一些生活规划，再到经历理财，以及与家庭以外的人的交往，这些都是孩子生活的经历，只有多多体会，孩子才可能有更丰富的创新思维。

随着孩子学习任务的加重，有些妈妈可能会不自觉地开始给孩子提供帮助，想让他过得轻松一点。其实这完全没必要，越是轻松的生活越会让孩子变懒，反倒是一如既往勤快的生活，能让孩子时刻保持精气神，思维也能更灵活。

其次，多了解孩子头脑中与众不同的想法。

凡是创新，其想法总是要与平常普通的内容有所不同，但是我们不能因为没听过，或者觉得不寻常就去指责孩子"胡思乱想"，毕竟我们不是孩子，并不了解他到底是怎样的一个构思思路，所以先了解比较关键，听听他讲解自己的思路，也可以多问问，如果能提出一些有效的建议或意见，孩子就会更乐于与我们分享。

其次，提醒孩子多注意脚踏实地而非凭空想象。

除了误解创新本身的性质以外，有的孩子一提到创新就认为是需要多想，所以他没事就会坐在那里干想。然而，创新并不意味着凭空想象，灵感来自生活中的每一个细节，所以孩子也需要把他的想法从想象拉回到现实生活中，多观察、多实践，然后再去多思考，这样他才有可能找到创新的灵感。

这时也需要我们的鼓励，因为当孩子找不到可创新的点时，他可能会有放弃的想法，对于这一点我们要多一些顺其自然的表现。能有新点子更好，就算想不出来，也要鼓励孩子先好好生活，只有放开思想，才有可能抓住灵感。

最后，尊重并支持孩子的宝贵想法。

孩子的想法需要获得尊重，不管那个想法是有多离奇，又或者多么不起眼，只要是他经过自己思考的，是凭借他的生活经验得出的结论，我们都要予以理智的支持。

同时，我们也要给予孩子一定的帮助，当然也是在我们力所能及的范围之内，不要超出家庭经济所能承受的范围，也不要占用过多的学习或生活时间。我们和孩子都要分得清轻重，培养孩子的创新能力是为了增加他的自信，提升他未来的发展空间，而非逼迫他盲目开挖潜能，这反而给他徒增烦恼。

孩子，自信不可过头哦!

——教孩子把握好度，不要变得自大、自负

孩子若是不自信，就会错失许多展现自我的良机，也错失很多提升自我的机遇，所以我们要鼓励并引导他变得自信起来。然而，自信也是有度的限制的，若是自信过度，没有了自我谦逊做约束，孩子就会从自信变成自负，毕竟从卑微得不起眼一下子变成光芒耀眼，意志不够坚定的孩子就会迷失自我。

自负对于孩子的伤害同样不小，他会看不见自己的缺点，看不到他人的能力，也不再注意隐患，甚至还会盲目拔高。自负的孩子一旦经历失败，恐怕会更加不自信；而对于那些原本不自信的孩子，好不容易有了自信，却没把握住，变得自负了，再经历失败，这种打击可能会让他一蹶不振。

所以如何把握自信的度，既是对孩子的一种考验，也是对我们自身实施家庭教育的一种考验。

第一，慎说"什么都不怕，就相信你自己"这类话语。

在鼓励孩子相信自己的时候，有的妈妈习惯于给孩子一个很绝对的表达，比如"你什么都不用怕，坚决相信自己就对了"，或者"我肯定你没问题，没什么好怕的"，虽然表达了我们的支持，却可能在无形中让孩子变得不顾及其他而只在意自己。

成功是多重因素综合决定的，并不是只相信自己就够了。我们倒不如多鼓励孩子，"我看得到你的努力，只要你尽力而为，我想你不会留下遗憾"，也可以告诉孩子，"你尽力做自己能做的，遇到问题就想想自己学到的知识，每一个进步都值得肯定"。这种鼓励的方式更容易让孩子踏实下来，而不会只在意自己所谓的成功。

第二，提醒孩子不要忘记自己还是有缺点的。

孩子从不自信到自信，这其中的确经历了很不容易的过程，然而自信的孩子并不意味着他没有缺点。相反地，能够正视自己的缺点，才是真正有自信的表现。

所以我们首先要保持清醒，在面对孩子时不盲目夸奖。接下来就要引导孩子意识到自己的不完美，提醒他在发扬优点的同时，可以不断努力，去克服一个又一个缺点。每当成功一次，或者战胜一次缺点所带来的问题时，他都将更加自信。而更重要的是，能够清醒地意识到自己是有缺点的孩子，会给自己画定上线，他会意识到自己需要不断努力，这样就不会变得自负。

第三，引导孩子正确表现自信。

很少有能正确表现自信的孩子。一旦有了资本、有了机会可以展现自信，孩子可能会出现两种表现：一种是依然比较胆小，要靠他人不断鼓励才可能一点点把自己展现出来，且一路小心，直到确定自己可以成功才会继续前行；另一种则相反，感觉自己好像拥有了无穷的力量，一下子就看不到他人了，认为自己无敌了，这就变成了自负。

我们需要引导孩子正确表现自信，提醒他自信就是自己心里不慌，自己能够感觉胸有成竹，且能对出现的意外状况有预判或者有灵活应变能力，对于结果有一个预估但也不会对坏结果产生太大的情绪波动，沉稳也是自信的一个重要特质。

第四，培养孩子谦逊的性格。

为人当谦逊，即便有足够大的能力，也不炫耀、不自满，只有谦逊的性格才能促进孩子不放弃努力。培养孩子自信心，一定要同时培养他谦逊的性格，这是两条并行线，缺一不可。告诉孩子逐渐增加的能力、知识并不是他应该炫耀的东西，而是他沉淀自我并展现自我的资本，是他可以实现自我价值的表现。

第六章

激发孩子自信主动的行为

——不逃避，自信地迎难而上

通往自信的道路上，会有各种障碍，只有不逃避，迎难而上，努力并尽全力，跨过困难，才能继续前行。而不自信的孩子恰恰缺少这种敢于直面困难的勇气，所以我们需要激发他的这种发自内心的、主动性的自动行为，让他能勇敢面对一切困难。

孩子："大家好，我是……"

——不要替孩子介绍自己，鼓励他自我介绍

在孩子的种种行为中，有一个行为最能体现他是否自信，那就是自我介绍。并不是所有孩子都敢于在人前这样表达自我，很多孩子并不能自信地表达"我是谁"。

导致这一现象的一个主要原因，是我们似乎没有给过孩子自我介绍的机会，而是一直都在代替。比如，出门在外，遇到熟人，对方如果没见过孩子，就会询问一句，这时候我们往往都会很直接地说"这是我家孩子××"，而接下来，对方多半都会想要和孩子说几句，问问"你叫什么""几岁了""上几年级"……但多数情况下，这些问题都会被妈妈一一抢答，孩子可能会低头不开口，可能会躲在妈妈身后，还可能会跑远。

可实际上，孩子其实也不痛快，因为没有自己开口的机会。而越是没有开口的机会，他就越发不敢主动去向对方进行自我介绍，而且如果小时候缺乏锻炼，那么长大后可能会更加不敢开口。

所以锻炼孩子的勇敢自信，完全可以从鼓励他进行自我介绍开始。

首先，教孩子学会自我介绍。

自我介绍其实不仅仅是简单的几句话，我们应该告诉孩子什么是自我介绍、怎样进行自我介绍。

孩子需要确定记住的内容，除了自己的名字、年龄、年级、学校等比较常识的内容，还包括礼貌用语、必要情况下的兴趣爱好介绍等内容。我们可以帮孩子将这些内容总结成一段话，让他容易记住的同时能很好地表达出来。

可以让孩子在家里多一些练习，训练不同的场景下应该怎么做。比如，出门在外应该怎么说；去别人家做客时，对成年人怎样介绍自己、对同龄人怎样介绍自己、对年纪小的孩子应该怎样介绍自己。不同场景下的不同练习，会让孩子更灵活地掌握自我介绍的方法。

其次，多一些让孩子自我介绍的机会。

学会了的技能只有频繁地使用才能越发熟练，自我介绍也是如此。我们需要多给孩子一些这样的机会。比如，有一位妈妈是这样做的：

> 妈妈和孩子有一个小约定，每当在外遇到人，妈妈会先进行自我介绍，而孩子会在听到妈妈说"这是我的孩子"时，开始介绍自己。虽然一开始孩子也会害羞，说得并不熟练，但妈妈只是一旁提醒，并没有越俎代庖，后来孩子越来越能主动地表达自我，练习有了成效。

出门遇到熟人、去别人家做客、在外结交新的朋友……这些都是非常好的机会，可以鼓励孩子主动进行自我介绍，既体现了礼貌，同时也锻炼了他的勇气，增加了他的自信心。

再次，让孩子自己掌控自我介绍的内容与节奏。

孩子介绍了自己什么，是他自己的事情，我们可以在内心记下他介绍了自己什么，是怎么说的，并记下他可能忘记了的内容，过后提醒他。也就是让孩子自己掌控自我介绍的内容和节奏，等到回家后或者离开自我介绍的场景后，再和孩子聊一聊他刚才的表现。

当然，有时候对方可能会主动询问，这时也不妨提醒孩子同样礼貌应答，要将这种问答对话当成是自我介绍的内容，好好回应，以让对方更好地了解自己。

最后，循序渐进，不要直接强迫。

自我介绍是需要勇气的，我们不能一开始来就期待孩子能完美地表达自我。可以循序渐进地来，比如他一开始只敢说"你好"，只要他开口，就肯定他的表现，然后下次可以鼓励他加上自己的名字，再之后是鼓励他说出自己的年龄、年级等其他内容，直到他再遇到人的时候，可以大方自然地进行自我介绍。

这个过程急不得，孩子的自信心是一点点培养起来的，催促反而可能使他更加不敢开口，我们也要注意自己的态度，要耐得住性子，平静等待孩子的"蜕变"。

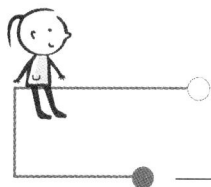

妈妈，帮我拿个主意吧！

——询问孩子的困惑，并鼓励他自己做决定

越是不自信，孩子越会犹豫不决，一遇到事情，他首先想到的就是去找妈妈，让妈妈帮他判断、选择、决定，接收妈妈给出的指令，按照妈妈所说的去做，他才能安下心来。

孩子这样的表现并不利于他独立性的培养，不能自信地面对自己的事情，总需要别人尤其是妈妈的帮助，久而久之，孩子会慢慢变成另类的"啃老族"，就是什么事都不能靠自己完成，必须有家人的扶持，他才可能有勇气在社会上行走。

这是一个可怕的发展，所以我们不要等到那个时候才去忧虑，趁着现在孩子还小，尽早培养他的自信心，至少让他能独立应对属于自己的问题，鼓励他自己为自己判断、选择、决定。

首先，当孩子过来询问时，反过来先询问他。

遇到了困难，没有信心自己解决的孩子会过来询问妈妈："妈妈，能帮帮我吗？"很多妈妈不管情不情愿，都会给予帮助，结果孩子一次次错失自己做决定的机会。

其实每到这个时候，我们不如反过来问问孩子，问他："你遇到了什么问题？""你觉得哪里做不到？""你是怎么想的？""你觉得自己能做到哪一步？"等，引发孩子的思考，让他能主动为自己努力。一旦形成习惯，他日后可能就不会一遇到问题先来寻求帮助，而是自己会先把各种问题考虑好。而这种考虑其实也不只是在让他去了解问题，他也许会在这个过程中发现很多自己也能做到的事情，这时没准儿就会自己主动去行动。

其次，点拨孩子，让他发现解决问题的契机，而不是直接帮忙。

在询问孩子的过程中，即便问题被分析透了，我们也没必要直接去帮忙，同样地，还是要去点拨孩子，让他自己去发现每一个解决问题的契机。

比如，提醒孩子反推他的行动，想象哪里没做到、哪里没做好，如果要解决眼前的问题，他之前的哪个行为是可以改动一下的；还比如，提醒孩子去发现自己可以做到哪一步，然后引导他注意自己没注意到的地方，提醒他关注细节，从细节出发去解决问题，等等。我们不过分关注、不那么勤快，孩子的主动性自然也就被唤醒了。

再次，鼓励孩子自己决定，并支持他的决定。

不自信的孩子不敢做决定，他觉得自己的决定不够令他自己信服，也不相信这个决定可以帮他解决问题。所以这个时候我们应该鼓励他，对于他的决定，不管对错，我们都应该予以支持。

要肯定孩子正确的决定，并引导他按照自己的决定去行动，让他看到成功，这会增强他的自信心；如果决定是错误的，也没关系，我们此时的态度很关键，不要嘲讽，而是要肯定他的勇气，并和他一起分析问题，再次引导他自己去思考，并重新做出正确的决定。即我们要让孩子意识到的是，我们支持的是他敢于自我决定的表现，是他这种敢于挑战自我的勇气。

最后，拒绝"这是我最后一次帮你决定"的说法。

有位妈妈面对孩子的求助时这样说："这可是最后一次了啊！以后你得自己想办法，不能每次都来找妈妈，你必须自己想办法才能真正解决问题。妈妈不会总陪着你，你得自己努力，记住没有？"

孩子不停地点头，嘴里答应着。但是下一次，孩子依旧过来寻求妈妈的帮助，妈妈的说法也依旧是："我不是说上次是最后一次了吗？怎么又来了？算了，下不为例，这次就算了，以后不能再这样了啊！"

孩子还是如之前一样，只知道点头，并没有任何改变。

一旦决定要让孩子自己去努力，我们也要有所表现。能不能让孩子从不自信变得自信起来，一半的开关在孩子那里，需要他自己努力，另一半的开关在我们这里，需要我们能真正他放手，给孩子自己思考决定的机会，否则你出尔反尔，孩子也自然会得寸进尺。

孩子，每天都做新的自己

——鼓励孩子每天穿干净的衣服、袜子去上学

我们可能都有过类似的经历：不管是忙碌、懒散还是颓废过一段时间之后，如果想要重新振作起来，那么我们多半会给自己准备一套干净整洁甚至是全新的衣服，然后把自己收拾得妆容得体，再出门去应对更多的事。可以说，把自己打理得整洁干净，就能从外在上让我们自己拥有一个好心情。

不仅如此，有的人还会培养自己新的好习惯，比如每日锻炼、每日读书、周期性的旅游等，如果说外在的新鲜改变会让自己心情变好，那么内在的心灵洗涤，就会让自己的思想与灵魂都得到升华。

相信很多人也会有这样的感觉，有了新的外貌和新的内心的自己，也会有一种自信油然而生。

这种方法在孩子身上其实也是适用的，如果孩子整天不自信，感觉自己不能有什么新的突破，那我们不妨换一种方式，不过多鼓励他去在自己不自信的问题上较劲，放松一些，先从外在、从内心、从小事上开始做一些改变。

第一，外在改变。

从每天穿干净整洁的衣服出门开始。不一定每天都是新衣服，而且这并没有必要，这一点是需要我们注意的，并不是要求每天必须穿全新的衣服才能转换心情，所以不要让金钱花费得毫无意义。

提醒孩子每天为自己准备好干净整洁的衣服，从内衣到外衣都要如此，就算是袜子，最好也是每天换一双干净的。可以让孩子晚上睡觉前提前准备好，设想第二天容光焕发地出门，这也会让孩子内心感觉兴奋与欣慰。

在这里有一些特殊的点需要注意：

一是假期时间。有的孩子到了假期就懒散了许多，甚至可能好几天才想起来洗一次澡，衣服也是穿好久才想起来换。这与我们的态度也有关系，我们自己也要勤快一点，即便是假期，也要给孩子一个好榜样，提醒他这种心情的转换愉悦的是自己，而非他人，为了提升自己的信心，要对自己认真一些，养成良好的习惯最重要。

二是对待男孩子的问题。如果家中有女孩，我们可能会觉得她每日保持整洁是必须的，但对男孩子，可能有的妈妈就没有那么严苛的要求了，即便他衣服不那么干净，反正看上去也不差就可以了。这种想法是不合理的，即便是男孩子，我们也要保证他的整洁干净，而且越是不自信的男孩，我们越应该通过他外在的清新变化，来提升他的自信心。

三是关于孩子自己动手的问题。别的先不说，每天更换的袜子最好是由孩子自己清洗。每天早上翻出自己洗干净的、带着清香洗涤剂味道的袜子，孩子的心情也会好一些。如果有机会，比如到了周末或者假期，教孩子学习给自己洗衣服，让他每天都能享受到自己的劳动成果，这对于他转换心情也是有好处的。

第二，内在改变。

换新是一个过程，外在表现会让孩子心情舒畅，但若想真的获得心灵的升华，内在的改变才是最重要的。

不自信的孩子多半都显得有些内向，那么读书可能会是一个很好的休闲娱乐方式。我们不妨给他准备更多的书籍，可以有针对性地给他一些放开自我、培养自信的书。通过每天不间断的阅读，孩子知识的储备越来越丰富，书中的精神、理念、思想也会渗透进他的思想之中，说不准哪一句话就会点亮他的内心，让他的心灵得到升华。

同时，我们也要多关注孩子德行的发展，小细节上的礼貌表现要多加注意，不要让孩子因为不自信连自己的德行也丢掉了。也要多给他看一些弘扬美好德行的内容，让美好德行在他内心扎根，这同时也是在净化和洗涤他的心灵。

孩子，大声说出来吧

——鼓励孩子勇敢地表达自己的观点

　　不敢表达自己的观点，这是没有自信的孩子的一个主要表现，想说又不敢说、怕说错、怕被笑话、怕自己太主动招人讨厌……不自信的孩子对此顾虑重重，因此而错过让自己思想闪光的大好时机。而不敢表达自己的观点，孩子自己也是感到懊恼的，他会不甘心，原本自己也知道答案，自己的答案可能比别人的还要好；他也会不开心，为什么自己就是说不出来，如果自己说出正确的观点，是不是也能得到肯定；他会抱怨自己……这显然并不利于他心理健康的发展。

　　所以与前面提到的敢于自我介绍一样，我们要让孩子不只是说一句"你好，我是×××"就完了，还要鼓励他能够大胆地说出自己内心的想法，把自己的观点勇敢地表达出来。

首先，训练孩子正确地表达自己的观点。

　　能够说出自己的观点，并使之为周围人所能听到甚至接纳，这体现的是一个人的表达能力。这其中也是有技巧的，否则语无伦次地说了很多，哪怕嗓门再大、勇气再足，恐怕也不会被人接纳。对于不自信的孩子来说，这一点就显得更为重要了。

所以，要在这方面对孩子加强训练，告诉孩子，表达自己观点的时候，应该声音洪亮，同时要有坚定平和的语气，要注意不能带上自己的情绪好恶，最好是对事情进行客观的陈述，要有开头、发展、高潮、结尾，只要把一件事完整叙述下来，并加入自己的感想就可以了。

其次，提醒孩子不要受到对错的过分干扰。

越是不自信的孩子越会在意自己所说的对不对，如果说对了还算好，一旦说错了，他会羞愧得无地自容，这无疑更打击他的自信心。

其实每个人都可能说错，我们不妨这样告诉孩子：每个人都有犯错的可能，今天你说错了，明天他就有可能说错，这种犯错的概率对于所有人来说都是一样的。而说错了也不是什么不可饶恕的事情，只要不触碰道德底线，不违背最基本的原则，不违反法律法规，说错的内容就只是思考的方向不同或者对事物的认知有误而已，这并不丢人。倒不如说，正是因为说错了，才能让孩子意识到自己的所学所想是存在问题或漏洞的，及时努力学习并更正弥补，过后再表达正确就完全没有问题了。

最后，教孩子正确应对他人的反应。

如果说对了，孩子可能会得到他人的肯定，甚至是赞扬。这对于没有自信的孩子来说是一种惊喜。孩子可以感受这种惊喜，但也不要因此沾沾自喜，因为他人的肯定或赞扬可能就只是针对他的那一段话，而非他整个人，所以他还需要继续努力。不过有了这一次他人的肯定，他的自信心应该会得到一定程度的提升，他也会更有动力去继续表现自信。

至于说因为说错而为人所耻笑，我们可以告诉孩子，没有人会在某个人身上投入过多的精力，那些羞愧的感觉真的只是自己的感觉而已，大家都有自己的事情，不会总关注他是不是说错。当他内心能放开，敢于主动，那么人们注意的反倒是他的自信。而且，错误是可以改正的，虚心上进，他也会变得更好。

先设一个小目标吧

——有意识地引导孩子设定一些容易实现的"小目标"

孩子如果没有自信心，就会对自己所做的事没有多大的动力，还没开始做事，他就会先想困难，然后觉得自己没有能力，会先放弃自己，这件事自然也就做不成了。而不能成功、半途而废，或者他人代劳，这种没有自己经历过成功的感觉，会让孩子更加没有自信心。

成功的确是让孩子产生自信心的关键因素，但是怎样让这样的孩子能体验到成功，从而恢复一点自信心，也是需要我们多动动脑筋的。

有一位妈妈是这样做的：

一个月之后，孩子体育课考试要考跳绳，但他跳得非常不好，跳几下就跳不过去了。但对于三年级的孩子来说，男生跳绳的及格线是至少要跳34个，而且因为是综合评分，还要涉及其他项目，所以跳得越多越好。孩子没有自信能够在一个月的时间里提高跳绳成绩，他感觉非常沮丧。

妈妈得知情况之后，和孩子一起做了一个跳绳练习计划，她把达到及格线的目标拆分成了几个小目标，先让孩子实现连续跳10个的目标，等孩子没问题之后再让他实现连续跳15个、20个的目标，之后是连续25个、30个，如果能继续更好。

从定好目标之后，每天妈妈都陪着孩子练习，而因为把大目标拆成了小目标，孩子实现起来并不困难。再加上每天的勤奋练习，孩子的手脚协调性越来越好，一个个小目标甚至都提前实现了，结果临到快考试的时候，他已经可以稳稳地连续跳六七十个了，这让他非常有信心应对跳绳考试。

要做一件事就要先定好目标，有了目标才会有前进的方向和动力。而这位妈妈将大目标拆成了小目标，让孩子能够不断体验成功的小喜悦，从而增强了自信心。我们不妨也借助这个方法，帮助孩子设定一些容易实现的小目标，这不仅让他更容易接近成功，也让他的自信心不断提升。

第一，提醒孩子"暂时不用想太长远"。

有的孩子心思很重，很多事他可能会想得太远。从自己当下表现不佳的状态，一下子想到自己将来会是个"废人"，这样的想象当然会让他的自信心直接掉到零度线之下。

其实孩子没必要想那么远，我们要想办法把他的注意力先拉到眼前来，让他多注意自己眼前的问题，提醒他先想办法解决这些问题，一步步向前走，然后才能去思考未来会如何。

第二，根据孩子的能力来设定小目标。

孩子的能力是设定目标的一个最重要的依据，他能做到哪个地步，决定了目标要定多高。比如，拿前面提到的跳绳来说，有的孩子可能只是缺少练习，但手脚协调性很好，那么小目标就可以定高一些；但有的孩子的协调性差，那就不要刻意强求，将小目标定得低一些，符合他的实力，也更容易让他体验到成功。在这个过程中，孩了要专注做自己，根据自己的能力变化去调整小目标，只有这样才能让他通过自身的努力去感受到成功的喜悦。

第三，鼓励孩子正视小目标。

小目标好实现，但也正因为它小，有的孩子会不重视，觉得这是浪费时间。跳绳连续跳 10 下，这显然离及格线还差得远，若是孩子不能正视这样的小目标，他可能会开始焦虑，并不愿意继续。

因此我们还需要给孩子讲解小目标与大目标之间的关系，和他一起定好这些小目标，让他看到大目标是怎样被拆分开的，提醒他注意小目标与大目标之间的关系，让他能重视小目标对他实现最终成功的重要意义。

孩子，谁都有压力啊

——各种压力之下，如何让孩子更有自信

生活在现代社会中，每个人都背负着各种压力。在这样的大背景下，孩子也同样背负着各种压力，这些压力有的来自外部环境，有的来自父母家人，还有的压力是孩子自己强加的，自我感觉能力有欠缺，很多事都做不好、做不到，便开始自我厌弃，总觉得自己会越来越差劲，变得越来越没有自信。

而随着成长，孩子身上的压力还可能会更多，而且每个年龄段都会有每个年龄段所特有的压力，不管是从哪里来的压力，都会给孩子带来一种精神上的重压，如果不能正确看待，孩子终将会被这重重压力压垮。

孩子没有对抗压力的经验，这就需要我们来为他指点迷津，在充满压力的社会中，怎样才能让孩子坚强且愉悦地生活下去，也是我们教育者需要考虑的一个重要的问题。在和孩子沟通的时候，我们要让孩子意识到以下几个方面：

第一，"每个人都有压力，没有人是特殊的。"

不够自信的孩子也将显得没那么乐观，他会认为所有不好的事情都只有自己在经历，即便是压力，也只有自己才会有感觉。其实不然，每个人都有压力，大环境的压力是共通的，不同的人也会因为际遇的不同而有不同的压力。

我们可以通过自己的亲身感受，通过举例，来让孩子意识到压力是每个人都会有的东西，要学会对抗压力。那些表面上看没有压力的人不一定是没压力的，他们可能只是能很好地抵抗过去，而孩子需要学习的就是这种抵抗能力。

第二，"尽量不要给自己制造更多的压力。"

孩子应该学着不要自己给自己制造更多的压力，否则来自自身的压力会让他越发陷入死胡同。比如，一次考试成绩不理想，孩子会觉得学习有了压力，他担心自己怎么都学不会，害怕自己以前犯过的错误下次再犯，更怕下次比这次考得还差，这些心理压力在他内心层层堆叠，他反而更加寸步难行。

一般来说，能这样给自己制造压力的孩子心思会很重，我们需要让他看到希望，不过多评论更不要指责批评，引导他自己思考，并点拨他找到解决当下问题的方法，让他能看得到自己前进的方向，知道自己应该去做什么，这样他的内心也许会踏实许多。

第三，"你要学会把压力转化为其他的东西。"

压力无法逃避，却可以转化，还是那句话，那些抗压能力强的人，都具备把压力转化为其他东西的能力。

压力可以转化为动力。比如，考试失利，不好的成绩成为学习压力，那么孩子可以好好找找失利的原因，有错改错、有漏则补，不会的地方尽快学会，借助这个压力提升自己的学习效率，让自己对学习更有耐心，更加细心，有了这样的意识，相信努力一定会换来回报。

压力可以转化为对自我的严格约束。还是考试失利，内心产生如前所说的那些压力，那么每当自己想要放松，忍不住偷懒的时候，就回想一下这些压力，然后约束自我，让自己不再那么懒散，并能重新集中精力投入学习中去。

压力还可以转化为希望。考试失败了，虽然继续前进的压力倍增，但一想到自己如果能顶住压力就能有新的希望，就能让人振奋起来。

第四，"重压之下，才会成长得更坚强。"

经历重重压迫磨难，人会变得无比坚强，怎样的痛苦都不能使人低头。越是吃得了苦，越是受得了压，人越能走得远、爬得高，进而取得更大的成就。

所以不妨告诉孩子，有压力也并不全是坏事，压力是磨炼他人生的试金石，一块块试过去，他这块金子身上所蒙的尘土泥块终将被磨光，让他显露出自己原本灿烂的模样。

第五，"活在当下，走好脚下每一步路。"

压力的来源，无非是过去和将来。孩子与其担心过去做过的事情以及未来还没发生的事情，不如把更多的注意力放到眼前，踏实地做好眼前每一件事，不去过多考虑能给自己带来更多压力的事情，只要专心应对眼前的问题，解决当下最需要解决的困难，专注于眼前的风景，就能减少更多的压力。

第七章

培养孩子与人交往的能力

——好的人际关系，带给孩子自信

　　有足够自信的人多半都具有良好的人际交往能力，对于孩子来说，良好的人际关系，会让孩子与他人和谐相处，而能为他人所接纳，才会让孩子放下心来去展现自身的能力。可见，培养孩子具备良好的人际交往能力，也可以带给他足够的自信。

妈妈，我还是不过去了吧

——孩子在交往中容易退缩，怎么办？

在人际交往的过程中，需要每个人都向前一步，大家才能彼此交流。否则，如果只有一方向前，而另一方不断退缩，彼此之间的距离不但没有缩短反而不变甚至变长，那么前进的一方就会感觉退缩的一方并没有交往的意愿，从而中断交往。

但是，后退的一方是真的没有交往意愿吗？也不一定，有的孩子选择后退并非不想与人交朋友，而是他没有足够的自信心站在人前，不知道应该怎样与对方对等交流，他会顾及很多事，也会顾忌很多问题，犹豫不决、胆小怕事，这导致他宁愿选择退缩，也不想让自己在他人面前有所表现。

比如一位妈妈就在网上求助说：

> 我的孩子从上幼儿园开始就很容易退缩，他想和人交朋友，却不敢上前跟人家说。有时候他拿了玩具、好吃的想跟人家分享，

也非要拉着我一起去，还得由我开口。现在他上了小学，每天在学校的时间要比在家多了，我以为会有所改观，可是根据老师的描述，发现他还是那样子，没几个朋友，一到自由结合小组的时候，他经常是被落下的那个，有的热心肠同学会把他拉进自己的小组，可人家也不能每次都拉他。回来问他，他每次都说自己不敢上前，怕别人不喜欢他。

我真是犯愁，孩子越来越大了，如果他一直都这么没自信，以后岂不是会变成独行侠？这要是总被大家孤立，可怎么办？

我们当然是不能让孩子被孤立的，培养他具备基本的人际交往能力，鼓励他发展自己的这个能力，其实不只是让他能与众人和谐相处，还会让他的自信心有所提升。

多带孩子接近人群，提高他的交际能力。

不敢与人交往的孩子，多半都在这方面经验不足、能力欠缺，那我们就要让他多经历一些。同时还可以给他提供一些技巧。比如，在与人结交时应该怎么介绍自己、怎么表达会更容易引起他人的注意，怎么展现自己的能力以吸引人，怎么利用好自己手里的资源，等等。

这里所说的需要接近的人群，不仅限于孩子群，还包括成人群，也就是说，孩子需要接近更多的人群以适应更多场景下的交往，比如，与收银员的交往、与服务生的交往。如果需要帮助怎么办？如果想表达谢意又该怎么说？孩子所学、所经历得越多，他的交往能力也就越成熟，这样不管他遇到怎样的人，也就都能有相应的应对了。

智慧引导，不强求。

我们经常会看到这样一种场景：如果孩子不愿意上前与人交流，妈妈会在后面不断地催促，甚至把孩子硬拉到身前，非要让孩子有所表现，而孩子会非常不情愿。

这种与他人交流的勇气，也是需要一点点显现的，不要妄图一次就让孩子变得勇敢起来。如果孩子拒绝，那就再给他一些时间。

一位妈妈是这样做的：

妈妈发现孩子眼带羡慕地看着一群陌生的孩子，那群孩子在摆弄赛车玩具，孩子显然很有兴趣。妈妈问孩子："想去加入他们吗？"孩子缩了缩脖子："算了，我不想去。"妈妈无所谓地点头："好吧，那我们就看看吧！"

为了看得更清楚，妈妈建议孩子走近一点，孩子同意了。

没过一会儿，其中一个孩子发现周围多了一个人，便友好地问："一起玩吧？你看我的赛车可厉害了！"孩子回头看看妈妈，妈妈对他点点头。孩子也随即加入了其中，一开始还是没有什么话可说，但很快就融入了环境，几个孩子迅速玩到了一起。

如果妈妈在孩子拒绝的瞬间就强迫他、催促他，甚至用"好好与人交往才是好孩子"的大道理来约束他，相信孩子最终也无法体会到这玩耍的

快乐。而恰是妈妈这种顺其自然的应对方式，不强迫，并想办法创造机会，才让孩子敢于迈出交往的一步。

多带孩子接近各种"正能量"。

这里所谓的"正能量"，就是指那些热情开朗的、人缘很好的孩子，这样的孩子会形成一种自然榜样，他的言行举动会在不知不觉中影响不自信的孩子，让后者耳濡目染，从而感受、学习到他身上那种热情。

被这样的孩子感染，不自信的孩子也将暂时忘却自身的不自信，他会更愿意投入大家凑在一起的游戏中，去感受游戏，去体会这种人际交往所带来的快乐。这种潜移默化的影响是很有效的，孩子也会随之变得开朗一些，日后再培养他的交际能力也会相对更容易。

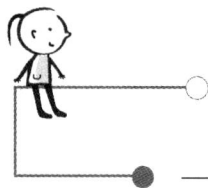

请，谢谢，对不起，再见
——如何让不善言辞的孩子更具语言能力

话语是交往过程中最重要的工具，良好的表达内容及方式，会让交往双方都感到身心愉悦。不善言辞的孩子，要么说得少，要么就说得不得体，尤其是在礼貌表达方面，他往往会直接忽略。因为对于这样的孩子来说，能够把重点要说的话表达出来已经很不容易了，礼貌用语在他看来是一种很不好意思出口的话语，所以能省则省。

比如有一位妈妈就讲："我的孩子每次和别人说话都特别直，就好像巴不得赶紧说完拉倒，至于'谢谢''对不起'几乎很少出口。我问他，知道要有礼貌吗？他也说知道。可真要让他说，他又总是不好意思，或者小声地不愿意开口。我就很是奇怪，这个孩子是对礼貌用语有什么误解吗？这有什么不好意思的呢？"

这就是孩子不自信的表现，他不敢很好地表现自己，生怕自己说多错多。但是他错过的这些内容，恰恰是最能体现他语言能力的。所以我们需要帮助孩子克服害羞的心理障碍，让他能更好地表达自我，用良好的言辞为他的人际交往增添光彩。

首先，在日常生活中，将礼貌用语变成说话习惯。

有的妈妈在与家人说话时完全没有礼貌可言，在家中也是呼来喝去，对待孩子也几乎没说过"谢谢"或"对不起"。生长在这样的环境之中，孩子会感觉礼貌用语就是一种客套话，是不需要经常使用的。

事实上，良好的家教也体现在语言表达上，如果我们养成了礼貌讲话的好习惯，那么孩子也将受到这样良好的熏陶。要培养孩子具备好习惯，显然我们自己应该先以身作则，从家庭内部开始鼓励全家人都好好说话，多使用礼貌用语，让孩子将礼貌印进内心深处，这样一来，不管日后他与谁结交、沟通，都将会表现得有礼貌，从而为他的人际交往能力的提高加分。

其次，教孩子学会婉转表达。

如前所说，孩子因为不自信表现得不善言辞，很多时候他的表达都是直来直去、不懂婉转的。但这样的表达很容易让人感到不舒服，并不利于孩子建立良好的人际关系。

所以提醒孩子牢记一些表达的小亮点，比如麻烦他人时一定记得说"请"，要礼貌当先；表达自我观点时多说一些"我认为""我觉得"，也就是将个人意见归于自身，这也是对他人的尊重；可以不认同他人的意见，但不要嘲讽、指责等。

婉转的表达，会让孩子的语言显得不那么强硬，更容易为他人所接纳，而且这种表达方式也会为他人所喜爱，也会更容易为他人所亲近。

最后，提醒孩子不要在意他人，而是多注意自己。

有的孩子会说，"别人也是这么说话的，我为什么不能"，其实这也是孩子为自己寻找的一个借口。我们可以告诉孩子，"别人是别人，你是你，不要过多在意他人怎样，多注意自己有没有做好才是最重要的"。

尤其是在语言表达方面，用更有礼貌、更得体的语言来向对方传递自己的观点，明显要比随心所欲的说话方式更易为人所接纳。我们可以引导孩子去注意这个结果，要让他有意识地选择能更好地表现自己的做法，让他学会更有技巧的说话方式。

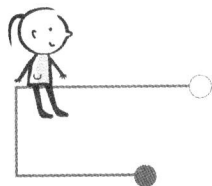

不学礼，无以立，我要学礼

——教孩子学会基本的交往礼仪

人处在这个社会之中，势必要与周围人产生各种联系，这个产生联系的过程，就是人际交往的过程。拥有良好人际交往能力的人，多半都会有一个很好的习惯，那就是在与人交往时可以做到以礼相待。

与人交往最是需要以礼相待的，前面我们讲到要让孩子的言辞表达有礼貌，这是一种语言上的礼貌，而实际上，最基本的交往礼仪不只是需要在言语上有所表现，在其他方面也要讲求礼数。只有礼数周到，才会让交往双方感到交往是愉悦的，这份友谊才可能继续保持并有良好的发展。

对于孩子来讲，显然仅仅学会礼貌表达是不够的，他还需要学会礼貌待人，有礼的孩子会得到他人的尊重，同时也会让他与他人的友谊更加稳固。那么我们都可以从哪些方面来努力呢？

第一，微笑，表现的是最基本的礼貌。

见面打招呼，问答有应对，离开有告别，开口即微笑……这些都是与人交往的过程中最基本的礼貌。

与人见面时，微笑是最重要的，不管是打招呼还是问答，只要是与他人面对面，有语言上的交流，孩子就应该保持面部轻松微笑，通过微笑给对方一种亲切感，并用微笑来拉近人与人之间的距离。

另外还有一点很重要，那就是礼貌倾听。微笑着去听对方所说的内容，哪怕他说错了，也要让对方先说完，不插嘴、不打断，更不要当下反驳，这也是最起码的尊重。

第二，做客一定要讲礼仪、懂规矩。

我们都会被邀请到他人家中去做客，孩子也是如此，这时就需要培养孩子的做客礼仪与规矩。

从接受邀请开始，孩子就应该学会礼貌应答，要及时说谢谢。在进到他人家里之后，也不要忙着去玩，而是要等待主人的邀请，尤其是当对方家里有很多玩具时，先不要着急去拿，要先获得主人的同意。如果主人家拿出来吃食或者更多的玩具，应及时表达谢意，并且不要一次性贪多，且要顾及卫生整洁的问题。孩子要时刻记得自己是在做客，而非在自己家里，礼仪规矩牢记心间，才能让对方感到这个客人是值得再次邀请的，并且乐于与之继续维系或加深友谊。

第三，带客人到家里来要有主人的样子。

除了出门做客，很多时候我们还会邀请他人来家里做客，这时孩子还需要学习待客之道。

待客之道是决定对方愿不愿意日后再来、继续和主人交往的重要因素，所以一定要提醒孩子，对待客人要迎来送往，微笑迎接进门，如果有机会，端茶倒水拿吃食，这些都要面面俱到。要与客人大方交谈，如果是同龄人，也要大方地和对方分享自己的空间、玩具、美食。在客人即将离开的时候，要礼貌地道别，尽量把客人送出门，待客人离开后再回屋。

第四，面对不喜欢的人也要讲礼貌。

一位妈妈遇到了一个难题：

> 有一天，我在下班的路上碰到了女儿的同学，她想要来家里玩，我便带着她一起到了家门口。我刚打开门，女儿便一眼看见了我身后的同学，于是立刻冲过来，堵在了门口，虽然不说话，但怒目而视，那架势显然是不想让人家进来。我很尴尬，人是我领回来的，女儿这个抵触的样子让我一时间都不知道说什么了。

即便不喜欢，也不能丢掉对待人的基本礼貌。为了不经历类似这样的尴尬情景，我们要提醒孩子，礼貌代表的是自己的良好礼仪、气度，与是否喜欢无关。如果实在不喜欢，孩子可以学会委婉地拒绝。比如前面这件事，孩子完全可以说："很不好意思，我现在还有紧要事处理，暂时没时间，如果以后有机会，我们再玩吧。"这样一来，既没有驳了对方的面子，也让自己的拒绝显得不那么无礼，更容易让对方接受，这才是正确的做法。

要大大方方地跟人相处

——教孩子一些与人相处的技巧

　　大大方方的意思是，人的行为举止应自然而不俗气，与之相对应的表现则是忸怩小气。在与人的交往过程中，我们应该表现得大大方方，不管是说话还是行动，都不显得刻意做作，也不那么放不开、不好意思，这样彼此交往才会显得更自然，也更容易深入下去。

　　如果以大方这个标准来衡量孩子的表现，很多孩子可能会打一个不及格的分数，因为很多孩子会在他人面前变得忸怩，不愿上前打招呼，即便对方和他说话，他也面无表情没有回应，如果问得多了，他可能还会一扭头就跑掉，更有一些脸皮薄的孩子还可能会当场哭出来。

　　从孩子们的这些不够大方的表现来看，这意味着他们对与人相处还是行不得法的，缺少足够的技巧，如果他们能掌握一些与人相处的技巧，并能熟练运用，就能表现得大大方方了。

　　孩子需要掌握这样一些交往技巧：

第一，不总是以自己为中心。

玩玩具的时候自己先拿，且自己选择的东西不能分给别人；自己想要说话就直接开口，如果别人不听就发脾气；如果想要加入一个游戏就必须加入进去，若是没加入就发脾气；不允许别人反驳自己，希望所有人都听从自己的要求……

这些表现都是以自我为中心的表现，这样的孩子多半都不会为众人所喜爱。所以要提醒孩子，让他意识到自己正处于一个集体之中，在这个集体中人人都是平等的，只有分享、共同商量、彼此学会妥协让步、懂得包容，他们的游戏或者正在做的事情才能继续进行下去。

第二，不在小事上斤斤计较，懂得给他人留面子。

孩子们都不喜欢和特别小心眼的人玩，因为这样的人总会记得谁犯了错、谁欺负了他、谁不喜欢他，甚至还会有针对性地去做一些不好的事情。虽然看似是在保护自己，但这也是不自信的一种表现。

所以要培养孩子大度一些，没有人能始终做得好，就算是他人做错了、让他受了委屈，这也并非是不能调和的矛盾。而且矛盾的爆发总不会是一方的原因，就算对方是主要原因，孩子也要学会从自己身上找问题，并主动缓和矛盾，大度包容，这样更容易吸引朋友。同时这样的表现也相当于给对方留了面子，会让对方更感激孩子这样的做法。除此之外，孩子还要注意不能主动去揭对方的伤疤，不要总是戳对方的短处。如果孩子友善地对待周围的人，那么周围的人也会同样以友善回报他。在这样放松的状态下，他的自信心才可能得到提升。

第三，养成多为他人着想的习惯。

现在的孩子关心自己往往多过关心他人，遇到事情总是先想到自己，然后有"余力"的时候才会想到他人。总是忽略他人，孩子会变得自私。而过分在意自己的利益，孩子可能会经常性陷入负面情绪之中。

在一些特殊机会，我们可以试着提醒孩子多为他人着想。比如，领取东西，不争不抢，让年龄小、个子小的孩子先拿；遇到他人需要帮助的时候，尽己所能地伸出援手；不与比自己年龄小的孩子计较；给他人留足自由空间，不过分干涉等。越是能为他人着想，越能体会这种与人为善的幸福，这也有助于他自信心的培养。

第四，学会换位思考。

在与人交往时，孩子也需要学会换位思考。比如，如果他不喜欢自己的日记被别人看到，那么他就不要总去好奇别人在本子里写了什么；如果他不喜欢被人嘲笑，那么他要尊重、关心他人；如果他不想被轻视排挤，那么他要团结友爱更多的同学，等等。

换位思考可以让孩子很好地体会不同情境下他人的感受，当孩子具备了同理心时，他的心胸也会变得宽广起来。同时他这种表现也会更受周围人的喜欢，这种他人的信任与喜爱，会让他的自信心自然增强。

你真棒，向你学习！

——孩子学会真心赞美别人，自己也会更自信

如果仔细观察那些不够自信的孩子就会发现，他们除了习惯性地自己瞧不起自己之外，对于他人良好的表现，他们也并不那么愿意真心接纳。他们会羡慕，但比羡慕更多的情绪可能是嫉妒、愤怒，而这种情绪恰恰也正好表现出了他们的自卑，他们正是借助嫉妒、愤怒这样的过激表现，来掩盖自己不如人的自卑感的。

所以培养孩子自信心，也可以从教孩子学习真心赞美别人开始，当他能看得到他人身上的好时，他的整个内心也会阳光起来，这种阳光将有助于他建立自信，让他不再以他人的好为"敌"，反而会愿意接近这些好、接纳这些好，并期待自己也变得好起来。

要实现这一点，孩子需要从这几个方面努力：

第一，要善于发现他人身上的好。

每个人身上都有闪光点，关键是看我们能不能发现并意识到这些好。

其实这也是一个包容心的培养，而我们在向孩子表述他人优点的时候，也要引导孩子去发现对方哪里值得肯定，我们要帮助孩子发现哪些好的行为是为他人喜欢的，然后鼓励他也去发扬。需要注意的是，我们不能总是直接夸奖别的孩子，当着自己孩子的面夸奖别的孩子，自己孩子的内心一定会觉得失落。

当然有时候我们也可以引导孩子自己主动去发现，鼓励他多用积极阳光的心态去面对他人，并用积极乐观的态度去关注他人，通过这些正能量感染自己。

第二，多关注并思考对方好的原因。

要想真正做到真心赞美他人，就需要孩子放对关注点。因为有的孩子关注的是"凭什么他就那么多人夸"，这个关注点显然是从羡慕出发的，羡慕对方被人称赞的情况，只注重了这个荣誉场景，而忽略了其他，这就很容易让他从羡慕过渡到嫉妒。而原本就没有自信心的孩子，会越发从这样的场景中感受自己的卑微，这并不利于自信心的培养。

所以，孩子应该更关注他人为什么会有这样的良好表现，对方都做了什么，是怎么做的，这样一来他关注的就是对方变好的过程，这就将给他的努力提供一个方向，也能促进他变得更好。

第三，不因赞美他人而贬低自己。

有的孩子不能很好地表现赞美他人这种行为，为了赞美他人，他可能会不自觉地贬低自己，这就是不会赞美的表现。

一位妈妈听见孩子和同学在电话中聊天说："你看你多厉害，休了病假都没耽误学习，考试还是这么牛！哪像我，天天上学也还是考得这么差，你是大有前途，我可是前途一片黑暗啊！"妈妈以为孩子是在开玩笑，但看看孩子的表情，充满了无奈、落寞，再想想孩子现在的状态，那种不自信与颓废感真是太强烈了。

有的孩子的确是这样的，在肯定他人的成绩时，将自己贬得一无是处，这就已经是自信心下降的信号了。

孩子应该明白，他人的好并不是在衬托自己的不好，而且这种对比式的称赞，会让对方有一种阿谀奉承感，哪怕是真心赞美，同时也伤害了自己。真正的赞美是对对方的肯定，意识到这是一个榜样，孩子可以说："你的成绩真好，这给了我动力，我也希望自己能向你一样好。"也就是用对方的好来激励自己，赞美他人的同时，也给了自己希望，这样的赞美才能帮助孩子提高自信心。

我要做个人见人爱的好孩子

——培养孩子与人交往的优秀品质

　　相信很多人都会希望自己能点亮"人见人爱"这项技能，这样就能获得更多人的喜爱，并与他人建立良好的友谊。而要真正实现这一点，就需要我们具备更多优秀的品质。

　　在和人交往的过程中，我们要做到诚实、谦逊、乐于助人、懂得自省、乐于分享、敢于承担责任、有公德心、有自己的原则……拥有这些优秀的品质，周围的人自然也就乐于亲近，与人交往也就能顺理成章了。

　　孩童时期正是培养与人交往的优秀品质的大好时机，我们要抓住这个时机，让孩子养成好习惯，让他能凭借自己良好的表现赢得更多人的喜爱。我们可以从以下几点来培养：

第一，诚实可信，说到做到。

　　诚实的孩子可以带给人踏实的感觉，也能让人放下心来与之交往。即便孩子不够自信，但他能做到实话实说，做到诚实守信，这样的品质就是难能可贵的。

所以我们要引导孩子看清自己的能力，提醒他不要夸大自我，但也不要贬低自我。如果和朋友约定了什么事，就要说到做到，当然前提是他要根据自己的能力来与人进行约定，要在自己能力范围内做到言出必行。

第二，谦虚不骄，时常自省。

孩子应该谦虚，应该学会自省，前提是他一定要正视自己。经历过不同阶段和内容的学习，孩子势必会掌握很多知识与技能，如果表现得出色，就会被周围人肯定与羡慕，这种状态对于不自信的孩子来说是很难得的，但越是这个时候，越应该提醒孩子，不要因为受到众人的肯定就一下子变得骄傲起来，谦虚一些表示自己还需要继续努力，这会给周围的人留下好印象。

除此之外，我们还要教孩子学会真正的自省，而非没完没了地自我否定。每天回忆自己当天做过的事情，想象哪里做得不好、不对，然后总结一下应该怎样改正或者弥补，争取下次表现好。谦虚而又追求上进，并能时常审视自己，孩子会越来越容易发觉自己身上的可取之处，而对自我的肯定也有助于孩子自信心的培养。

第三，乐于助人，懂得分享。

交往是一种互动行为，你来我往，彼此之间的关系才能继续发展下去。在这个过程中，难保会有人遇到困难，需要获得帮助，那么不管是从友谊的角度，还是从道德的角度，孩子都应该在自己能力范围内伸出援手，但不要逞强。当孩子发现自己的帮助的确给他人提供了助力，他的帮忙甚至解决了大问题时，那种成就感与被肯定感，一定也能让他的自信心有所提升。

在乐于助人的同时，孩子也要懂得分享。不只是分享自己喜欢的玩具、书籍、食物，他也要懂得分享自己的快乐、胜利，分享自己的心情。也就是说，孩子要放开内心，不拘泥于自己的小世界，接纳朋友的存在，只有这样才能让他感受到分享与独处所不一样的快乐。

第四，认真负责，敢于承担。

对自己应承担的责任不逃避、不推卸，该是自己做的事情就认真去完成，是自己的问题不会放任不管，这样对人自然会赢得他人的尊重。用自己的良好品格去赢得他人的尊重，进而使孩子感觉到自信，并继续发展更多更美好的友谊，这才是我们培养孩子各种优秀品质的重要目的。

所以平时我们就要给孩子一个榜样展现，对于我们自己要做的事，应付出努力，认真专注地完成。如果是自己出了问题，不要找借口，也不要习惯性地去找客观原因，而是认真分析总结自己的问题，直到找到解决问题的办法。我们用自己这样的状态来引导孩子，鼓励他在应对自己遇到的问题时，也要负起责任来。

另外，在家中我们也可以有意识地给孩子安排一些需要他负责的事情，比如合理分配家务事，每个人都有自己需要做的事情，通过这样的练习，可以增强孩子的责任感。

第八章

关键能力，让孩子脱颖而出

——培养孩子有效的自信技能

培养孩子的自信心，需要他在很多方面付出足够的努力，以争取为自己积累更多、更有价值的资本。除了前面提到的一些基本的技能技巧外，为了让孩子能令人刮目相看，我们还可以培养他具备一些关键性的能力，以更有效地提升他的自信心。

自我管理

——教孩子学会掌控自己的时间和生活，强大自己

若想要让孩子自己强大起来，有一个很关键的能力需要孩子好好学习并掌握，那就是对自我的管理。凡是能熟练并有效管理自己的人，不管是行事还是生活都会让其变得高效且有意义，这样的人不会浪费时间，不会让自己有机会因为无所事事而变得颓废、不自信。正是因为能够很好地掌控时间与生活，自我管理强的人才会时刻都以一种优秀的形象出现，这种自我强大自然会为自己的自信心加分。

培养孩子具备良好的自我管理能力，可以从这样几个方面入手：

第一，安排良好的作息习惯。

最能体现掌控时间的行为，就是为自己安排良好的作息习惯。这个习惯培养得越早越好，如果现在还没开始，那就要赶紧抓紧时间。

如果没有特殊情况，最好每天固定好孩子的起床、睡觉时间，并尽量保证一日三餐的准时，学习多久、休息多久、娱乐多久、锻炼多久，每日要做的这些事情，同样也要有合理的时间安排。一旦开始养成习惯，就不要轻易更改。

特别是到了周末或假期的时候，提醒孩子可以针对作息的时间安排有一些调整，但大体上还是要保证他的早睡早起以及每天要做的事情不能被耽误。

第二，教孩子合理利用时间。

安排好了作息，孩子知道自己每天都要怎么做，接下来就要让他把可为自己调控的时间都好好地利用起来，也就是让他学会合理地利用时间。

比如，早起、坐车时的一些零碎时间，有的孩子会拿来记忆简单的知识点，有的孩子则用来背诵诗词或单词，这就是对零碎时间的合理利用；在学习的时间里，先易后难或者先难后易，让自己的精力得到合理分配，这就是对整块时间的合理安排；该游戏的时候就快乐游戏，该学习的时候就认真学习，这便是在对的时间里做对的事，也就是不模糊不同事件的时间块。要让孩子对属于自己的时间产生掌控感，而不只是单纯地想要把时间耗过去，所以针对这一点，我们要提醒孩子养成惜时的好习惯。

第三，鼓励孩子凡事自己动手。

只有自己动手，才能知道自己的能力，知道自己可以做到哪些事、能够做出怎样的安排。对于孩子来说，只要是已经学会的技能，就应该有意识地主动去应用。

我们要判断这项技能是不是孩子已经学会的，以及这件事是不是在他能力范围之内就能做到的。一旦得出准确结论，的确是孩子自己可以做也能做到的事情，我们就要放手，鼓励孩子自己动手去做。如果之前形成了依赖的习惯，孩子可能都会先过来求助，那就告诉孩子"这件事你已经会做了，我想看到你自己努力的结果"，一次两次自己主动之后，孩子就会意识到，求助是没有用的，并且他自己做也是完全没问题的，那么之后再遇到类似的事情，他就能主动做了。

我们最好也能在一段时间之后肯定孩子的表现，对于他主动完成的事情，予以一定的表扬，这也是在帮孩子积累自信的资本。

第四，帮孩子建立自我监督机制。

自我监督也是自我管理的一部分，孩子总会有想要偷懒的时候，也会有做不好、犯错的时候，如果总是由他人来监督，比如总是由妈妈来监督，那么孩子就会形成依赖心理，认为不管怎样都有妈妈给看着，他会变得越来越懒散。

鼓励孩子建立起自我监督机制，遇到不遵守作息规定、自己做事偷懒、浪费时间、推卸责任等一系列问题时，他就要自惩。这个惩罚内容可以和他提前商量好，让他自己来定，这样他便不会因为惩罚而感觉委屈。

当然，如果做得好，我们也是可以给他一些奖励的，满足他一个愿望、带他进行一次旅行、举行一次家庭娱乐活动都可以。通过奖惩分明的监督机制，要让孩子逐渐意识到，只有良好的自我管理才是正确的生活态度，等到他日渐形成好习惯，他也会发现自己变得强大起来，到那时自信心也就自然而生了。

拒绝担忧

——不预设困难与烦恼，不为明天提前忧虑

有一句电影台词说"将来的事，将来再说"，虽然简单却很有道理。人对未来都是无法预测的，今天不知道明天的事，这一刻无法预料下一刻会发生什么。有的人对此很看得开，他们更倾向于先做好眼前的事，不去想太远，只专心过好今天；但有的人则相反，总是提前就预想很多坏情况，平白假设许多失败、挫折的场景，结果为了还没到来的明天，平白给自己增添了很多烦恼与忧虑。

不自信的孩子更容易出现这种"为明天提前忧虑"的状态，因为他们不信任自己，所以不能肯定自己的表现可以有很大进步，生怕明天自己会受到更多人的嘲笑。

其实这是个负性循环，担忧的事情越多，内心的恐慌越是剧烈，自信心越是不足。而越不能让自己感到自信，就会越发不安，然后会担忧更多的事情，可能会出现看见什么都会想到不好的一面的情况。

为了不让孩子陷入这样的状态，我们要及时提醒孩子为自己的担忧心理踩下刹车，让他远离这种"替明天忧虑"的心理，唤回他的自信心。

首先，慎用"以后你就……"句式与孩子对话。

孩子对未来的担心，有一部分原因在于我们，有的妈妈在教育孩子时，习惯用"如果你现在不怎样怎样，将来你就怎样怎样"，尤其是有的妈妈会用一种"危险预设"的方式来表达，比如"如果你现在不努力学习，以后就没出息"，看似是一种警告，但会让孩子陷入对未来的恐慌之中。不自信的孩子对这样的话会尤为敏感，他会更加看不起自己，更不知道应该怎么去努力。

如果想要让孩子阳光起来，我们自己就不能对未来如此焦虑。和孩子交流时，多用"现在进行时"，比如说"我喜欢看到你现在努力的样子""我觉得你昨天认真读了半个小时书很棒"，让孩子将关注点从捉摸不定的未来放回到可以实际触摸并掌控的当下。

其次，提醒孩子专注于眼前的事。

其实我们眼前有许多需要做的事，孩子也是如此，如果他总是关注未来可能出现的问题，那么他将无心顾及当下应该做什么，大量的时间可能就被用来思考明天会怎样，以至于现在手里的事做不好，明天自然会因为"今日事未能今日毕"而出现问题。

所以与其想得那么远，与其只让头脑运作，还不如更实际一些，先把眼下能做的事情都做到。越是对眼前的事情专注，孩子的大部分注意力就会被集中到眼前来，从而越是分不出更多的精力去思考其他。

再次，教孩子学会为明天努力。

再怎么担心，明天也还是没有到来，还不如把今天一分一秒地认真过完。而且，明天会怎样，很大程度上取决于今天。如果今天做事很认真，努力解决了很多问题，那么明天将不再受到拖延问题的困扰，就能迎接崭新的一天。

就像孩子为了考试而努力一样，如果想要考出好成绩，复习阶段就要下大力气，同样道理，如果想要明天更好，孩子就要学会为明天努力。就拿学习来说，复习旧知识、学好正在学的知识、预习新知识、扩展课外知识，如果孩子能把这一套行为都认真做好，那么未来他的成绩多半不会出什么大问题。

最后，引导孩子学会化解来自未来的忧虑。

不去为未来忧虑，那么未来就没有忧虑了吗？当然也不是。有时候我们还是需要为未来进行计划的，所以我们才会经常说，做事要"防患于未然"。

正常来讲，一件事是需要考虑它可能出现的问题的，但我们需要避免的是，有的孩子会只考虑到问题，只担忧问题所带来的烦恼，而忽略了解决问题的方法。也就是说，如果孩子要对未来进行预估，那么他应该全面考虑，既要考虑到问题，更要去思考相应问题所对应的解决方法。

克服拖延

——教孩子远离拖拉磨蹭、行动起来，更能提升自信

　　越是有自信心的孩子，他们的行动越是充满了积极与热情，他们对未来越充满希望，而自己也越充满干劲；相反，越是缺乏自信的孩子，越会因为不敢放手去做而显得犹豫不决，有的孩子还会信奉"不开始就不会犯错"的原则，将事情一拖再拖。然而对于后一种孩子来说，拖着不做，对于结果并不会有什么好的改观，反倒是越拖事情积累得越多，他需要付出的精力越多，他需要思考的问题越多，这会让他越发感觉自己能力不足，从而更加没有自信。

　　比如，有个孩子在日记里记录了这样一件事：

　　　　老师帮我报名参加了绘画比赛，我知道这是老师给我的机会，但我总觉得没什么信心，又怕给老师丢脸。一直想拿出绘画作品，但又怕画得不好，于是就一直拖着，总是骗自己说"截止时间还早呢"。

　　每天我都刻意不去碰画笔，但每天我都过得很焦虑，越是不想考虑这件事，就越容易想起这件事，真是烦躁得要命。

　　直到眼看着截止日期快到了，不得不动笔画了，我感觉心里更空了，根本都不知道要画什么。最后我只能拿以前画过的一幅画，修改了一下，交了上去。我都没敢看老师的表情，但我觉得老师一定已经放弃我了。

　　我就是这么没用啊！

　　拖延看似是在为自己争取时间，可事情却并不会等待，时间也不会因此而停止，所以拖延只能让孩子变得越来越慌张。针对这一点，我们应该从帮孩子摆脱拖拉磨蹭的毛病入手，让他雷厉风行地完成自己应该做的事情，由这样的成功感来提升自信。

　　所以，不妨把这样一些观念跟孩子交流一下：

第一，做个计划，然后立刻开始就好。

　　凡是拖拉的人，做事都毫无计划，要改变孩子拖延的习惯，可以从制订计划开始。

　　每天要做什么，什么时候开始做，要做多长时间；在固定的时间里，需要做几件事，分别是怎样的轻重缓急，怎样才能保证在有限的时间段里将所有的事情做完；如果事情很复杂，如何更科学合理地行事……这些都可以写进计划之中。我们可以给孩子一定的帮助，帮他将自己的行动计划进一步完善。

而一旦计划出炉，孩子就应该立刻开始，毕竟时间不等人，计划已经安排妥当，孩子只要按照计划一步步执行就可以了。我们可以起到一定的监督作用，提醒孩子尽早开始计划，不要让这个计划白白浪费，更不要让自己的时间和精力白白浪费。

第二，遇到问题，越早解决越让人放心。

遇到问题是难免的，但不得不说，如果问题放着不管，它自己是不会消失的，不论何时再去看，它都会很明显地待在原地。这种滋味可不好受，倒不如尽早解决，让人尽快安下心来。提醒孩子一旦发现困难，就立刻想办法解决，这会让事情的发展更为顺利，因为有的困难可能会积累，前期不解决，后期可能会更加复杂难办，若想要放心继续行事，解决困难的动作就要迅速一些。

第三，不会做，并不是不继续做的借口。

除了遇到不好解决的问题，孩子还会遇到不会做的情况。一旦遇到这种情况，不够自信的孩子就深信自己是没能力的，他多半会立刻放弃。

然而，哪里会存在不会做的事情呢？不会做，学就好了。提醒孩子多学多问才是最应该具备的。不会做就不做了，只会让孩子错过更多学习新知识、掌握新技能的大好机会。而且，人们都喜欢好学的孩子，多学多问，也会让他在众人心目中留下一个努力好学的印象，这无疑会让周围的人也乐于亲近他，何乐而不为。

第四，拖拉的后果，只能自己承担。

告诉孩子，"这是你自己的事情，如果因为拖拉而误了事，后果你需要自己来承担"。比如，拖拉着不肯起床的孩子，就让他自己去承受迟到挨批评，我们不要帮他给老师请假打掩护；拖拉着完不成作业的孩子，不要给他弥补的时间，或者给他弥补时间转而取消原本的计划，让他自己承受这种不快乐；拖拉着不愿意做家务的孩子，妈妈不要再帮忙，让他自己在这样脏乱差的环境中去感受一阵时间，直到他自己不能忍受；等等。

自然惩罚的后果会让孩子直接意识到拖拉带给他的种种不愉快，此时我们再趁势鼓励他快速地行动起来，相信他也会因为有所感悟而愿意接纳意见并有所改变。

自我激励

——遇到困难，学会挑战自我，激励自己前行

没有谁的人生会一帆风顺，人生一路前行，人人都会遇到困难，有的困难可能只是让我们心里烦躁一下，但仔细想想还是能很顺利地解决的；有的困难却可能会让我们身心俱疲，给我们内心带来沉重的打击，甚至会让人在短时间内难以复原。然而，没有什么困难是不能克服的，所有的问题都会找到解决问题的方法。

但是，并不是所有人都能顺利解决问题的，有很多人就这么被困难打败了，很多不自信的孩子就是如此。困难面前轻易妥协是很危险的事情，因为原本不自信就很容易让他放弃了，若他做不到激励自我、勇敢前行，他终将一事无成。

想要解决困难，需要经过两个步骤：第一步要能自我激励，让自己有勇气面对困难；第二步是学会主动去分析问题、寻找方法并解决问题。显然，如果没有第一步的让自己直面困难，那么第二步是无论如何都开展不起来的。

所以我们也要这样提醒孩子，如果他有一个坚强的内心，能够做到自我激励，自己带动自己在跌倒的地方或者遇到障碍的地方勇敢爬起来，那么他战胜困难的希望就会大大增加。更重要的是，直面困难的勇气，其实就是他自信心的重要来源，所以孩子应该学会挑战自我，激励自己奋力前行。

以下几句话，我们可以传达给孩子：

第一，"困难是普遍的，但不是无解的。"

有的孩子面对困难时，想得最多的是"为什么只有我遇到了困难，我不知道应该怎么办"，这就是一种自卑的体现，直接将自己摆放在了一个很委屈的境地，并在借助这样的委屈来掩盖自己内心因为不自信而来的慌乱。

这时我们就可以提醒他，在这世界上，每个人都会遇到困难，可以说，困难是这个世界上最为普通而常见的一种事物。但是，没有困难是无解的，孩子只要能勇敢面对，能冷静下来去分析，任何问题都是有可解决办法的。

第二，"你永远都不知道自己会有怎样的潜能。"

不自信的孩子不相信自己可以挑战自我，他将自己禁锢在了当下的判断之中，我们需要帮他走出来。要让孩子明白，他存在着无限的可能，只要他勇于挑战自我。

在这一点上，我们首先要相信孩子，这份信任会给他吃一个定心丸。可以列举他之前经过自己努力所学到的本领，让他发现并感受自己的潜能所给他带来的变化。

第三，"经常对自己说'你可以'。"

这是一种最常见的自我激励方式，但是不自信的孩子几乎很少这样对自己说，他们并不相信自己是真的可以的。我们要能发现孩子对这种自我肯定的渴求，用我们的肯定来带动他对自己的信任。

第一次骑自行车，孩子因为摔了几次而不敢再上去，妈妈就鼓励他："摔跤是正常的，但我觉得你已经掌握了一定的窍门，我觉得你可以。我建议你在心中默念'你可以'，给自己鼓鼓气，相信我，你真的可以。"

孩子半信半疑地再次跨上自行车，自己酝酿了一下情绪，真的对自己说了几遍"我可以"，然后歪歪扭扭地骑了起来，这次没摔，快要倒的时候他用自己的脚撑住了，这是以前所没有用过的技巧，孩子学到了新技巧。

很多事情就是这样，越是怀疑自己，反而越容易出问题，但如果信任自己，自身的能力、潜能就会给予足够的回报，没准儿就能让他摸到做事的窍门，让事情发展得更顺畅。

学以致用

——学习贵在力行与实践，懂得把书本知识运用于实际

怎样检验一个人是不是真的学有所成？最好的方法就是把他头脑中所拥有的知识转化为实际行动，也就是让知识、能力在实践中发挥作用，帮助他做好事情、解决问题，能够实现学以致用。

看到自己所学能够发挥效用，应该是最能让孩子感到开心的时刻。回忆一下，我们上学的时候，如果能用书本知识解决一个问题，哪怕是用简单的加减乘除帮助妈妈在结账时算清了钱款，我们都会开心半天。现在的孩子其实也是有如此期待的，如果看到自己头脑中的知识在现实生活中发挥了作用，喜悦之情会让他更确信自己所学是有用的，显然这样的愉悦心理会促使他变得自信起来。

所以，我们需要这样来引导孩子将知识转换为行动：

首先，提醒孩子先要把知识学好。

先学知识，然后才能在实践中去检验知识，并感受知识所带来的效果

和作用。所以学习知识是实践的前提。孩子应该先专注于将知识学到手、学到位，课前提前预习，上课认真听讲，课下及时复习，不懂就问，不会就继续学，有余力就多学一些，扩展相关知识面，孩子只有学得通透而又扎实，他的知识才能在实践中发挥真正的作用。

其次，别让孩子脱离实际去学习。

边学习，边生活，才是孩子应有的学习状态，很多知识并不只存在于书本上，很多内容若想要更深入地了解，就需要生活给予更多的帮助。所以我们要防止孩子"宅"在家里，要让孩子经常有机会到生活中去实践他所学到的知识，经常带他去接触生活中各种各样的事，让他将书本上的知识转化成生活中的点滴行为与思想，使他能将书本与生活联系起来，只有不脱离实际地去学习，他所学到的东西才能在日后真正为他的生活发挥作用。

再次，肯定孩子用知识解决问题的行为。

不要觉得孩子用自己的知识解决这些小问题是在浪费时间，其实他正是通过这一次次生活的经历，来检验他知识的正确性及实用性。我们应该肯定他这样的做法，并鼓励他思考得更多，不让他单纯只停留在眼前的小问题上。

比如，还拿算账这件事来说，如果孩子只是单纯地计算出了钱数，这太简单不过，我们不妨多问问他："如果给你固定的钱数，你能为家里购置多少东西？""如果让你去进行选择比较，你能做到为家里省钱吗？"当然这只是举个例子，其实我们可以从孩子眼下所学的内容扩展延伸出很多问题，甚至是很多其他领域范围内的问题。因为有前面的肯定，孩子就会更加愿意去思考，并更希望能用自己的知识去解决这些问题，这无疑也促进了他的思考。

最后，提醒孩子知识都是有用的。

并不是所有知识都像加减乘除这样，有这么明显的、可以在生活中使用的特征。尤其是孩子书本上的知识，很多都是理论内容，有的孩子可能并不知道怎样将理论化为实践。但这并不意味着这样的知识是没用的。

要提醒孩子，知识永远都是有用的，只不过现在还没有到它发挥价值的时刻。学不怕多，孩子应该端正学习的态度，积累的知识越多，日后可供他调用并用于实践的知识也就越多。